Psicologia applicata all'operatività finanziaria

I MERCATI FINANZIARI

6

Psicologia applicata all'operatività finanziaria

Adriano Nicosia

Psicologia applicata all'operatività finanziaria

Sviluppo dei contenuti: Adriano Nicosia
Progetto grafico e impaginazione: Ivana Riggi

Tutti i diritti sono riservati a norma di legge. Nessuna parte di questo libro può essere riprodotta con alcun mezzo senza l'autorizzazione scritta dell'Autore e dell'Editore. È espressamente vietato trasmettere ad altri il presente libro, né in formato cartaceo né elettronico, né per denaro né a titolo gratuito.

A chi ha il coraggio di esplorare l'invisibile, a chi affronta i mercati non solo con numeri e strategie, ma con la consapevolezza che la psicologia umana è l'elemento decisivo per comprendere il vero funzionamento del denaro e del rischio.

Psicologia applicata all'operatività finanziaria

Il mercato può rimanere irrazionale più a lungo di quanto tu possa rimanere solvibile.

John Maynard Keynes

Preambolo

Nel complesso mondo della finanza, le decisioni non sono mai semplici. Gli operatori finanziari navigano tra incertezze, pressioni e opportunità, con il costante obiettivo di trovare un equilibrio tra rischio e rendimento. Questo libro non è un semplice manuale di strategie o tecniche; è una guida completa che intreccia psicologia, analisi e metodologia per fornire strumenti pratici e insight profondi a chiunque desideri eccellere sui mercati finanziari. Che tu sia un esperto alla ricerca di un nuovo approccio o un neofita che muove i primi passi, qui troverai non solo risposte, ma anche la chiave per porre le domande giuste.

Introduzione

Quando ho iniziato a esplorare i mercati finanziari, mi sono presto reso conto che ogni decisione, ogni successo e ogni insuccesso avevano una componente comune: la mente. Le nozioni tecniche sono fondamentali, certo, ma senza una solida base psicologica e senza una metodologia ben definita, rischiano di diventare semplici teorie.

Questo libro è il risultato del mio percorso personale, delle sfide affrontate e delle lezioni apprese, ma è anche un invito per te, lettore, a scoprire il tuo modo unico di approcciarti ai mercati. Ti guiderò attraverso strategie operative, principi psicologici e strumenti pratici che ho affinato negli anni, con l'obiettivo di aiutarti a costruire una fiducia incrollabile nelle tue capacità e a ottenere risultati concreti.

Non troverai formule magiche o soluzioni rapide, perché il successo non è mai un caso. È il risultato di disciplina, apprendimento continuo e, soprattutto, di una mentalità che accoglie l'incertezza come un'opportunità, non come un ostacolo.

Che tu stia cercando di affinare le tue competenze o di costruire le fondamenta del tuo percorso finanziario, sono sicuro che questo libro ti offrirà non solo conoscenze, ma anche la motivazione e la chiarezza necessarie per affrontare ogni sfida con determinazione e sicurezza.

Pronto a iniziare? Il tuo viaggio verso una nuova consapevolezza e successo sui mercati finanziari comincia ora.

Adriano Nicosia

Prologo

Ciò che distingue un operatore finanziario di successo non è solo la padronanza tecnica, ma la capacità di gestire l'elemento più imprevedibile e complesso: se stessi. I mercati finanziari sono un riflesso delle emozioni, delle paure e delle ambizioni di milioni di persone. Imparare a interpretare questo riflesso e a navigare le onde emotive, sia quelle personali che quelle collettive, è ciò che trasforma una semplice operatività in un'arte. Questo libro è nato da anni di osservazione, studio e pratica, con l'obiettivo di offrire ai lettori non solo strategie, ma anche una comprensione più profonda di ciò che significa operare con consapevolezza e fiducia.

Sommario

PREAMBOLO 6

INTRODUZIONE 7

PROLOGO 9

LA MENTE DELL'INVESTITORE 17

    Le Trappole Cognitive: Nemiche Invisibili 17

    Emozioni in Prima Linea 18

    La Lotta tra Istinto e Razionalità 19

    Strategie per Potenziare la Mente dell'Investitore 19

LA FINANZA COMPORTAMENTALE: QUANDO LA RAZIONALITÀ LASCIA IL CAMPO ALLE EMOZIONI 21

    1. Ancoraggio 22

    2. Overconfidence Bias (Eccessiva Fiducia in Se Stessi) 24

    3. Comportamento di Gregge 25

    4. Avversione alla Perdita 26

    Casi Reali di Finanza Comportamentale 27

        1. La Bolla delle Dotcom (1997-2001) 27

        2. La Crisi Subprime (2007-2008) 28

        3. La Fuga da Silicon Valley Bank (2023) 29

EMOZIONI: FASCIA ROSSA E PRIORITÀ NELL'OPERATIVITÀ FINANZIARIA 32

    La paura 33

    La consapevolezza 35

    L'incertezza 37

    La visione di lungo termine 37

LA PSICOLOGIA DEL TRADER: DOMINARE SE STESSI PER DOMINARE IL MERCATO ... 39
L'AUTOANALISI: IL PRIMO PASSO VERSO IL SUCCESSO ... 40
LA RESPONSABILITÀ PERSONALE: IL FONDAMENTO DI OGNI SUCCESSO ... 41
PAURA E AVIDITÀ: IL BINOMIO DA DOMINARE ... 42
LA STRATEGIA MENTALE: UNA DANZA TRA EMOZIONE E RAZIONALITÀ ... 43
LE CARATTERISTICHE PSICOLOGICHE DELL'OPERATORE DI SUCCESSO ... 44
ADATTARSI AL MERCATO: L'ILLUSIONE DELLA TECNICA PERFETTA ... 44
LA PSICOLOGIA DEL TRADING: IL TUO VERO VANTAGGIO COMPETITIVO ... 45

IL VIAGGIO PSICOLOGICO DEL TRADER ... 46
MA COS'È IL CERCHIO D E COSA RAPPRESENTA? ... 59
PERCHÉ È COSÌ IMPORTANTE IL RAPPORTO CON IL DENARO? ... 60
PERCHÉ È COSÌ DIFFICILE MANTENERE UNA POSIZIONE IN PROFITTO? ... 60
IL CERCHIO D: CENTRATURA E APPLICAZIONE ... 61
DISCIPLINA, ESPERIENZA E APPRENDIMENTO DAGLI ERRORI ... 62
TRE ELEMENTI SONO FONDAMENTALI: ... 62
UN PERCORSO DI TRASFORMAZIONE ... 63

PERSONALITÀ DELL'OPERATORE FINANZIARIO E METODI DI OPERATIVITÀ ... 64

LA RADICE DELLA PAURA NELL'OPERATIVITÀ FINANZIARIA ... 68
LE MOLTEPLICI RADICI DELLA PAURA ... 68
COMPRENDERE E AFFRONTARE LA PAURA ... 70
OLTRE LA PAURA: UNA GESTIONE EMOTIVA CONSAPEVOLE ... 71

DOMINA LE TUE TRAPPOLE MENTALI 73
Le emozioni: nemiche o alleate? 73
Il lavoro su te stesso 74
La perfezione come percorso, non come obiettivo 75

LA SCONFITTA COME ELEMENTO DI CRESCITA: IL SEGRETO PER UNA MENTALITÀ VINCENTE 77
Il ciclo dell'apprendimento e della crescita 80
Il ruolo della sconfitta nella crescita personale 82

LA DISCIPLINA PER RAGGIUNGERE LE MIGLIORI PERFORMANCE 84

TRATTA L'OPERATIVITÀ FINANZIARIA COME UN BUSINESS: STRATEGIE PER IL SUCCESSO 89

GESTIRE IL CAPITALE CON CONSAPEVOLEZZA: LA REALTÀ DIETRO I NUMERI 93

PERSEVERANZA O TALENTO? 97

IL MERCATO HA SEMPRE RAGIONE 102

TOXIC POSITIVITY E LOCUS OF CONTROL 106
Toxic Positivity nell'operatività finanziaria 106
Integrazione di Toxic Positivity e Locus of Control nell'operatività finanziaria 111
Applicazioni Pratiche 112

CASE STUDY: SUCCESSI E FALLIMENTI NELL'OPERATIVITÀ 114
George Soros e la sterlina inglese: l'arte di cogliere il panico collettivo 114

IL CROLLO DI LTCM: QUANDO L'ARROGANZA DEGLI ESPERTI
GENERA IL FALLIMENTO 116
INSEGNAMENTI DA APPLICARE 118

LA PROCRASTINAZIONE: IL LATO OSCURO DELLA GESTIONE DEL TEMPO 120

DEFINIZIONE E FENOMENO UNIVERSALE 120
LE CAUSE 121
IMPLICAZIONI E CONSEGUENZE 123
COME AFFRONTARLA 124

REALTÀ CONTRO FANTASIA 127

FERMARSI PER CRESCERE: L'ARTE DI PRENDERSI UNA PAUSA NELL'OPERATIVITÀ FINANZIARIA 131

LA CONSAPEVOLEZZA NELL'OPERATIVITÀ FINANZIARIA 134

I MERCATI: UNO SPECCHIO DELLA PSICOLOGIA COLLETTIVA 140

LE BOLLE SPECULATIVE: EUFORIA E DISILLUSIONE 140
L'EFFETTO GREGGE E IL CONTAGIO EMOTIVO 141
IL RUOLO DEI MEDIA: AMPLIFICATORI DI EMOZIONI 143
LA PSICOLOGIA COLLETTIVA E L'EQUILIBRIO TRA RAZIONALITÀ E
EMOZIONE 144

LA PSICOLOGIA NELL'ERA DEGLI ALGORITMI E DELL'INTELLIGENZA ARTIFICIALE 146

PSICOLOGIA E TRADING AUTOMATIZZATO 146
L'INTUIZIONE CONTRO L'AUTOMAZIONE 147
LA PSICOLOGIA DELL'ALGORITMO: BIAS COGNITIVI NEI SISTEMI
AUTOMATIZZATI 148

L'AUTOMAZIONE NON ELIMINA L'EMOZIONE............................ 150
LA CULTURA DEL RISCHIO NELL'ERA DIGITALE.......................... 151

LA PSICOLOGIA DEL RISCHIO E DELLA RICOMPENSA 153

SOPRAVVALUTARE O SOTTOVALUTARE IL RISCHIO 153
TOLLERANZA AL RISCHIO 155
IL DILEMMA DEL DAY TRADER 156
TECNICHE DI GESTIONE DEL RISCHIO E DELLA RICOMPENSA 157

DALLA DEMO ALLA REALTÀ: GESTIRE LE EMOZIONI NEI MERCATI FINANZIARI 159

OSA PERDERE PER VINCERE! 164

LA DEMONIZZAZIONE DELL'ERRORE 167

DECIDI O ASPETTI? 170

CAPIRE LE PROPRIE EMOZIONI 175

COSA SIGNIFICA REALMENTE PRENDERE UNA DECISIONE NEI MERCATI FINANZIARI 179

IL PROCESSO DECISIONALE 179
LA PSICOLOGIA DIETRO LE DECISIONI FINANZIARIE 182
FATTORI EMOTIVI 184
IL RUOLO DELLE EURISTICHE 185
INFLUENZE SOCIALI 186
TECNICHE PER MIGLIORARE IL PROCESSO DECISIONALE 187

L'EFFETTO GREGGE 189

LO STATO PSICOLOGICO CHE SPIEGA IL SUPPORTO E LA RESISTENZA 193

COSA SUCCEDE SE IL PREZZO ATTRAVERSA IL SUPPORTO? 195
I LIVELLI DI SUPPORTO E RESISTENZA COME PUNTI NEVRALGICI .. 197

POTENZIARE LE PRESTAZIONI: ESERCIZI PER UN'OPERATIVITÀ FINANZIARIA VINCENTE 198

Punto 1: Identificare l'obiettivo 199
Punto 2: Capacità di analizzare ma non di agire 200
Punto 3: Celebrarsi per i successi 200
Punto 4: Affermazioni positive 201
Punto 5: Tecniche di visualizzazione 201
Punto 6: Non essere troppo esigente con te stesso 202

IL POTERE DEL MINDSET NELL'OPERATIVITÀ FINANZIARIA: COME IL MODO DI PENSARE PUÒ CAMBIARE LA TUA VITA E I TUOI INVESTIMENTI 204

I Tipi di Mentalità: fondamenta del successo nei mercati finanziari 204
Cambiare il proprio mindset per il successo nei mercati finanziari 206
Il Mindset come Vantaggio Competitivo nell'operatività finanziaria 209

CAMBIARE IL PROPRIO MINDSET: IL PERCORSO VERSO UNA VITA PIÙ POSITIVA E PRODUTTIVA 210

Capire il mindset 210
Strategie per cambiare il proprio mindset 212
Benefici di un mindset positivo e di crescita 215

COSTRUIRE FIDUCIA E DISCIPLINA NELLA PROPRIA OPERATIVITÀ FINANZIARIA 218

Un esempio concreto per gestire le perdite 221
Visualizzare il successo nei mercati finanziari 221
Pazienza e Continuità: la chiave del successo 222
Stabilire obiettivi chiari e raggiungibili 222

IL KAIZEN GIAPPONESE APPLICATO AI MERCATI FINANZIARI 223
Il principio del miglioramento continuo 223
Applicare il Kaizen alla propria operatività 224
Esempio pratico di applicazione del Kaizen 226
L'importanza della perseveranza 227
Takeaway pratico: 228

IL CAMMINO VERSO L'ECCELLENZA NEI MERCATI: APPRENDERE, ADATTARE, INNOVARE 229
SHU: Conservare – "Segui la regola" 230
HA: Rompere – "Vìola la regola" 231
RI: Liberare – "Sii la regola" 232

EPILOGO 236
ABOUT THE AUTHOR 238
COLLANA "I MERCATI FINANZIARI" 240
BOOKS BY THIS AUTHOR 243

La Mente dell'Investitore

Ogni decisione finanziaria non è altro che il frutto di un dialogo incessante tra ragione ed emozione, un conflitto sotterraneo che spesso sfugge al nostro controllo. La mente dell'investitore non è un calcolatore freddo e infallibile, ma una macchina complessa, capace di brillanti intuizioni e, al contempo, di errori fatali. Comprendere il funzionamento di questa mente è il primo passo per trasformare le fragilità in forza e i limiti in opportunità.

Le Trappole Cognitive: Nemiche Invisibili

Osservando un grafico azionario dopo aver letto una notizia positiva sull'azienda, potresti essere tentato di acquistare senza ulteriori analisi. Questo errore, apparentemente innocuo, si chiama bias di conferma: una tendenza psicologica che ti porta a cercare solo le informazioni che confermano le tue idee, scartando inconsciamente quelle che le mettono in dubbio.

E non finisce qui. C'è l'ancoraggio, che ti induce a basare decisioni cruciali su un dato iniziale, spesso irrilevante, come il prezzo di ingresso di una posizione. Oppure l'avversione alle perdite, che può paralizzarti davanti a una posizione in rosso, impedendoti di chiuderla per non affrontare il senso di fallimento.

Riconoscere queste trappole non è sufficiente; serve uno sforzo deliberato per disinnescarle, accettando che anche l'errore è parte integrante del processo di apprendimento.

Emozioni in Prima Linea

La paura e l'avidità sono le due emozioni regine che governano i mercati finanziari. La paura, spesso irrazionale, ti spinge a vendere troppo presto, perdendo potenziali guadagni. L'avidità, dall'altro lato, può accecarti, portandoti a sottovalutare i rischi pur di inseguire profitti rapidi.

Ma le emozioni non sono sempre nemiche. Possono diventare alleate, se gestite con consapevolezza. La chiave sta nel riconoscerle senza lasciarsene sopraffare, un'abilità che si sviluppa con l'allenamento mentale e con una struttura disciplinata nelle decisioni operative.

La Lotta tra Istinto e Razionalità

Daniel Kahneman, premio Nobel per l'economia, ha descritto la mente umana come un'arena di due sistemi decisionali: uno intuitivo e rapido, l'altro analitico e lento. Nel mondo della finanza, entrambi i sistemi hanno un ruolo. L'intuizione, sviluppata attraverso anni di esperienza e osservazione, può salvarti in situazioni critiche. Tuttavia, affidarsi esclusivamente a essa è pericoloso, perché l'intuito, per quanto affilato, è influenzato dalle emozioni e dai pregiudizi cognitivi.

La razionalità è l'argine contro il caos dell'impulsività. Costruire un piano operativo chiaro, fondato su dati concreti e regole ben definite, ti permette di neutralizzare le decisioni prese "di pancia". È qui che entra in gioco la disciplina: un pilastro che mantiene l'equilibrio tra istinto e logica.

Strategie per Potenziare la Mente dell'Investitore

Per superare le trappole cognitive ed emotive, è necessario sviluppare una serie di abitudini mentali e comportamentali:

1. **Pratica la metacognizione**: Impara a osservare il tuo processo decisionale dall'esterno, interrogandoti sulle motivazioni di ogni scelta.
2. **Fai una pausa consapevole**: Nei momenti di incertezza o stress, fermati e rivedi le tue strategie con calma.
3. **Adotta un diario finanziario**: Registrare ogni operazione, con le motivazioni alla base, ti aiuta a identificare schemi ricorrenti di errore.
4. **Gestisci il rischio con freddezza**: Imposta limiti chiari e rispettali, anche quando l'emozione ti suggerisce il contrario.
5. **Impara a convivere con l'incertezza**: I mercati sono imprevedibili, ma accettare questa verità ti aiuta a operare con maggiore serenità.

La mente dell'investitore è il vero campo di battaglia del successo finanziario. Non è il mercato che devi conquistare, ma te stesso. Solo comprendendo le dinamiche profonde del tuo pensiero, accettando le tue vulnerabilità e lavorando su di esse, potrai costruire un approccio che ti permetta di affrontare i mercati con lucidità, equilibrio e resilienza.

La Finanza Comportamentale: quando la Razionalità lascia il campo alle Emozioni

La finanza comportamentale è una disciplina che smaschera un grande mito: quello dell'investitore razionale. Daniel Kahneman e Amos Tversky, pionieri di questa scienza, hanno dimostrato che spesso non prendiamo decisioni finanziarie in modo logico, ma siamo guidati da emozioni, bias cognitivi e scorciatoie mentali che ci portano a errori sistematici.

Immagina di trovarti davanti a due porte. Dietro la prima, un guadagno sicuro di 100 euro; dietro la seconda, una probabilità del 50% di vincere 200 euro, ma anche del 50% di non ottenere nulla. Quale sceglieresti? Probabilmente la prima, vero? Ma ora ribaltiamo la situazione: hai già 200 euro in tasca. Se scegli la prima porta, perderai 100 euro con certezza. Se scegli la seconda, c'è una probabilità del 50% di non perdere nulla e un'altra del 50% di perdere tutto. In questo caso, quale porta ti sembra più attraente?

Questi dilemmi, apparentemente semplici, hanno rivoluzionato il modo in cui comprendiamo le decisioni economiche grazie al lavoro di Daniel Kahneman e Amos Tversky. Con la loro *Prospect Theory*, i due studiosi hanno mostrato come le nostre scelte non siano guidate dalla razionalità pura, ma da una serie di scorciatoie mentali, o bias, che ci portano spesso fuori strada.

I bias comportamentali sono tendenze inconsce che ci portano a prendere decisioni finanziarie che non sempre sono razionali o ottimali. Questi bias sono influenze psicologiche che alterano il nostro giudizio, facendoci reagire in modi che non corrispondono a una valutazione logica o basata sui fatti. In questa sezione vedremo alcuni dei bias più comuni che influenzano gli investitori, con esempi pratici che possono aiutare a capire come funzionano.

1. Ancoraggio

Il **bias dell'ancoraggio** è il fenomeno per cui tendiamo a fare affidamento su un'informazione iniziale (l'"ancora") per prendere decisioni successive, anche se questa informazione non è più rilevante o accurata. L'ancora iniziale diventa un punto di riferimento mentale e, a partire da essa, continuiamo a fare le nostre valutazioni, ignorando nuovi dati che potrebbero suggerire una visione diversa.

Per esempio, supponiamo che un investitore compri un'azione a 100 euro. Se il prezzo dell'azione scende a 80 euro, l'investitore potrebbe rifiutarsi di vendere, anche se i dati suggeriscono che l'azienda non sta performando bene. Il valore iniziale (100 euro) diventa un'ancora psicologica, impedendo di prendere una decisione razionale in base alla situazione attuale.

Un esempio quotidiano: Se un negoziante offre uno sconto del 30% su una giacca che costava inizialmente 200 euro, il prezzo scontato (140 euro) può sembrare una grande occasione, anche se il valore effettivo della giacca potrebbe non giustificare nemmeno quella cifra. L'ancoraggio al prezzo iniziale (200 euro) influenza la nostra percezione del valore.

2. Overconfidence Bias (Eccessiva Fiducia in Se Stessi)

Il **bias dell'eccessiva fiducia** si verifica quando un investitore sovrastima la propria capacità di prendere decisioni o prevedere il futuro, nonostante la complessità dei mercati finanziari. Questo bias può portare gli investitori a prendere rischi eccessivi, a non diversificare correttamente il proprio portafoglio o a credere di poter battere costantemente il mercato, quando la realtà è che anche i più esperti fanno errori.

Per esempio, un investitore che ha avuto successo in alcuni investimenti precedenti può diventare eccessivamente fiducioso nella sua capacità di prevedere il mercato. Questa euforia può spingerlo a investire troppo denaro in un settore o in un titolo specifico, ignorando i segnali di allarme che suggeriscono una potenziale perdita.

Un esempio pratico: Durante la bolla delle Dotcom, molti investitori sono stati colpiti dall'overconfidence bias, credendo che le aziende tecnologiche avrebbero continuato a crescere senza sosta, anche se molte di esse non avevano un modello di business sostenibile.

3. Comportamento di Gregge

Il **comportamento di gregge** è il fenomeno per cui le persone tendono a seguire le azioni degli altri, senza fare una valutazione critica. In pratica, quando molti investitori prendono una determinata azione, gli altri sono spinti a seguirli, sia per paura di rimanere indietro sia per il semplice fatto che "se tutti lo fanno, deve essere giusto". Questo bias può portare a bolle speculative, dove il valore di un bene sale ben oltre il suo valore reale, o a vendite panico che peggiorano una crisi finanziaria.

Per esempio, durante la bolla delle Dotcom, quando i titoli delle società tecnologiche salivano alle stelle, molti investitori compravano senza comprendere i fondamentali delle aziende, semplicemente perché vedevano gli altri fare lo stesso. Quando la bolla è esplosa, molti si sono trovati con perdite significative. **Un altro esempio recente** è stato il fenomeno di **GameStop** nel 2021, dove un gruppo di investitori individuali ha spinto il valore delle azioni della catena di videogiochi a livelli irrazionali. Molti investitori, pur non conoscendo i dettagli fondamentali dell'azienda, hanno acquistato le azioni semplicemente per seguire la massa, facendo crescere il prezzo a livelli insostenibili.

4. Avversione alla Perdita

L'**avversione alla perdita** è uno dei bias più noti ed è legato alla psicologia evolutiva: gli esseri umani tendono a temere la perdita più di quanto apprezzino i guadagni. In altre parole, la sofferenza di una perdita economica è psicologicamente più forte del piacere di un guadagno di pari valore. Questo può spingere gli investitori a mantenere investimenti in perdita più a lungo del necessario, nel tentativo di evitare il dolore psicologico di accettare una perdita.

Per esempio, se un investitore acquista un'azione a 100 euro e il prezzo scende a 80 euro, potrebbe non venderla, sperando che il prezzo risalga. La paura di realizzare una perdita lo spinge a mantenere un investimento che, invece, potrebbe non avere più senso.

Un esempio comune: Quando il mercato azionario subisce una flessione, molti investitori temono di vendere in perdita e preferiscono "tenere la posizione", anche quando sarebbe più saggio vendere per evitare ulteriori perdite. Questo comportamento spesso porta a mantenere asset in perdita troppo a lungo.

Casi Reali di Finanza Comportamentale

I bias cognitivi non sono solo teorie astratte: si manifestano concretamente nei mercati finanziari, influenzando il comportamento degli investitori e determinando esiti imprevisti.

1. La Bolla delle Dotcom (1997-2001)

Un esempio clamoroso di come l'euforia e l'overconfidence possano guidare le decisioni di investimento è la bolla delle Dotcom. Negli anni '90, con l'esplosione di Internet, molte aziende tecnologiche (spesso senza utili o business model sostenibili) sono salite alle stelle in borsa. Gli investitori, spinti dalla paura di "perdere il treno", hanno sovrastimato enormemente il valore di queste compagnie, spinti dal bias dell'ancoraggio e dalla tendenza al comportamento di gregge.

Bias coinvolti:
- **Euforia e sovrastima**: Molti investitori credevano che i prezzi delle azioni delle società Internet continuassero a salire senza sosta, ignorando segnali evidenti di sovrapprezzamento.
- **Comportamento di gregge**: Quando tutti sembrano investire in un determinato settore, la paura di essere lasciati indietro porta altri a seguire senza riflettere criticamente sulle basi dell'investimento.

Quando la bolla è esplosa, molte di queste aziende sono crollate, e gli investitori hanno subito perdite enormi, spesso senza capire come abbiano potuto commettere un errore così evidente.

2. La Crisi Subprime (2007-2008)

Un altro esempio di come i bias cognitivi possano danneggiare enormemente l'economia globale è la crisi dei mutui subprime del 2007-2008. In questo caso, gli investitori e le istituzioni finanziarie hanno ignorato i segnali di un mercato immobiliare insostenibile, spinti dal bias di ottimismo. Hanno continuato a credere che i prezzi delle case sarebbero aumentati indefinitamente, un fenomeno noto come **"overconfidence bias"**.

Bias coinvolti:
- **Bias dell'ottimismo**: Le banche e gli investitori hanno continuato a credere che l'afflusso di denaro e l'aumento dei prezzi immobiliari non potessero mai fermarsi.
- **Avversione alla perdita**: Molti investitori hanno rifiutato di riconoscere la perdita quando i mercati hanno cominciato a scendere, continuando a tenere asset deteriorati invece di venderli, nella speranza che il mercato si riprendesse.

Quando i prezzi delle case sono crollati e la crisi ha colpito duramente il sistema bancario globale, molti si sono trovati a perdere enormi quantità di denaro.

3. La Fuga da Silicon Valley Bank (2023)

Nel 2023, Silicon Valley Bank (SVB), una delle banche più importanti per le startup tecnologiche, ha visto un fallimento clamoroso. La causa scatenante è stata la fuga di capitali da parte degli investitori, preoccupati dalla solidità finanziaria della banca dopo che quest'ultima ha dovuto vendere obbligazioni in perdita per raccogliere liquidità. La fuga di capitali è stata accelerata dal comportamento di gregge e dal bias della "**mancanza di informazione**".

Bias coinvolti:
- **Comportamento di gregge**: Appena alcuni investitori hanno cominciato a prelevare fondi dalla banca, altri li hanno seguiti senza comprendere appieno la situazione, accelerando il collasso.
- **Mancanza di informazione**: Molti investitori non avevano compreso i rischi legati agli investimenti in obbligazioni a lunga scadenza.

Gli esempi che abbiamo visto ci insegnano una lezione fondamentale: le emozioni e i bias cognitivi non solo influenzano il nostro comportamento quotidiano, ma sono in grado di sconvolgere l'intero sistema finanziario. Se possiamo imparare a riconoscere questi bias, possiamo proteggere i nostri investimenti e prendere decisioni più consapevoli. La finanza comportamentale ci offre strumenti per diventare investitori più razionali, ma spetta a ciascuno di noi fare il primo passo: prendere consapevolezza delle proprie inclinazioni psicologiche e cercare di adottare un approccio più equilibrato e disciplinato.

La consapevolezza dei propri errori cognitivi è il primo passo verso una gestione finanziaria consapevole e il raggiungimento del successo, sia a livello personale che professionale.

Emozioni: Fascia rossa e priorità nell'operatività finanziaria

Gli errori di entrata e di uscita dal mercato non derivano dalla mancanza di capacità nel leggere i grafici, ma dall'incapacità di controllare le emozioni. È fondamentale che parliamo di trader con almeno una preparazione media, non di principianti.

Il 99,8% dei fallimenti nelle operazioni sui mercati finanziari sono dovuti alle emozioni. Può sembrare sorprendente, ma chi opera in modo discrezionale a livello professionale sa che questa è una verità incontestabile.

Una psicologia debole può causare numerosi errori:
- Non lasciare correre i trade profittevoli.
- Non prendere i profitti.
- Tagliare le perdite troppo tardi.
- Eseguire operazioni perdenti.
- Entrare al mercato senza una strategia.
- Non agire per paura.
- Assumersi troppi rischi.
- Utilizzare una size incoerente con la propria strategia.
- Agire troppo velocemente.

Quando il conto non cresce come sperato, la causa non è mai nell'indicatore che si sta usando, ma nel fatto che il trader non ha ancora compreso che deve lavorare sulla sua struttura psicologica. Questo è ciò che separa un operatore finanziario di successo da uno che fallisce.

Ora voglio mostrarvi, tramite un esempio concreto, cosa ogni operatore, dal principiante al professionista, dovrebbe concentrarsi maggiormente per avere successo.

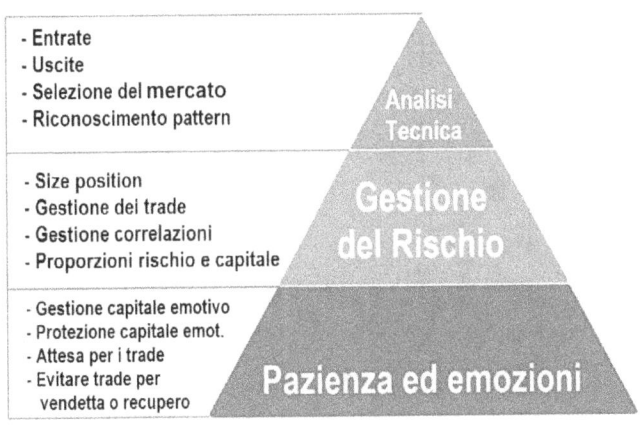

La scala delle priorità nel trading

La paura

La paura è una delle emozioni che più spesso porta al fallimento. Ma non basta dire "ho paura", bisogna capire da dove nasce questa paura. In altre parole, bisogna scavare nel profondo per trovare la causa reale.

La paura di perdere è comune nel trading, ma non si tratta di una paura generica: bisogna capire *perché* si perde. La paura di perdere ha molte origini, che vanno oltre il semplice timore di vedere il proprio capitale ridursi.

Immaginiamo alcuni motivi:

- **Mancanza di fiducia nella propria strategia**. Se il trader non ha testato abbastanza la propria strategia, ogni perdita diventa un peso insopportabile.
- **Non aver investito abbastanza impegno**. Un trader che non si applica seriamente e non è pronto a investire tempo ed energia, spesso finisce per percepire il trading come un gioco facile, alimentando la paura quando le cose non vanno come sperato.
- **Aspettative irrealistiche**. Molti si illudono che, in poche settimane, il loro conto possa raddoppiare. Quando la realtà si presenta, la paura cresce insieme alla frustrazione.

- **Operare senza un metodo preciso.** Entrare nel mercato senza una strategia precisa porta inevitabilmente a errori, amplificando la paura ogni volta che la posizione va contro di noi.
- **Obiettivi troppo ambiziosi.** Il trader che si prefissa un obiettivo di rendimento troppo alto, come il 5% settimanale, rischia di accumulare paura ogni volta che non raggiunge tale traguardo.

Un esempio pratico potrebbe essere quello di un operatore che entra al mercato con la speranza di un guadagno immediato. Quando il mercato non si muove come previsto, comincia a vedere la sua posizione "in rosso" e la paura cresce, portandolo a tagliare la perdita troppo presto. Questo comportamento non fa altro che confermare la sua paura e lo tiene lontano dal successo.

La consapevolezza

La consapevolezza è uno strumento potente. Non dobbiamo cercare di eliminare le emozioni, come suggeriscono alcuni, ma imparare a gestirle. Non siamo robot, siamo esseri umani, e le emozioni fanno parte di noi. Ignorarle può solo portare a stress e frustrazione.

Quando un operatore finanziario si sente a disagio, ad esempio, potrebbe annotare cosa stava per fare in quel momento. Scrivere ciò che si sente durante un'operazione aiuta a identificare il motivo dietro quell'emozione. Forse la size è troppo grande, forse il metodo non è chiaro, o forse si sta cercando una conferma emotiva anziché logica. Un esempio potrebbe essere un trader che si trova a fare trading mentre una notizia economica importante viene rilasciata, ma invece di seguire la propria strategia, decide di ignorarla e "sentire" come si muoverà il mercato. Questo comportamento può sembrare naturale, ma in realtà è una trappola psicologica.

Quando ti senti a disagio, chiediti: cosa c'è dietro quella sensazione? È l'incertezza che ti spinge a fare qualcosa di impulsivo? Imparare ad ascoltare queste emozioni ti aiuterà a migliorare la tua operatività. Non sottovalutarle, ma usale come strumento di miglioramento.

L'incertezza

L'incertezza è un'altra emozione che frena molti trader. Deriva dalla mancanza di conoscenza o dalla comprensione incompleta di ciò che sta accadendo nel mercato. I trader spesso si concentrano solo sull'ingresso, ignorando la gestione della posizione, gli stop loss e i target. Questo porta a un'incertezza che, a sua volta, alimenta la paura.

Immagina un trader che entra al mercato senza sapere esattamente dove posizionare lo stop. A causa di questa incertezza, finisce per lasciare la posizione aperta troppo a lungo, mentre il mercato si muove contro di lui. La paura sale, ma lui non sa come gestirla perché non ha studiato abbastanza.

L'unico modo per superare questa incertezza è studiare. Ogni trader che raggiunge un buon livello di operatività si è dedicato per anni allo studio delle dinamiche del mercato e ha sviluppato regole precise per ogni tipo di situazione.

La visione di lungo termine

Un trader con una visione a lungo termine avrà un approccio completamente diverso rispetto a chi cerca guadagni rapidi. Quest'ultimo, assumerà troppi rischi, uscirà troppo presto o troppo tardi dal mercato e vivrà con frustrazione. Il trader che pensa al lungo termine, invece, costruirà lentamente la sua routine, imparerà dalle proprie esperienze e lavorerà sulla propria strategia senza pressioni.

Pensiamo agli investitori di successo che hanno raggiunto risultati duraturi: non hanno cercato scorciatoie. Hanno investito tempo ed energie, hanno commesso errori, ma li hanno usati come opportunità per migliorare. La pazienza, quindi, non è solo una virtù: è una competenza fondamentale per il successo nell'operatività finanziaria.

La Psicologia del Trader: dominare se stessi per dominare il mercato

Il successo nei mercati finanziari non si misura solo nella capacità di leggere i grafici o di elaborare strategie impeccabili. No, il fattore cruciale, il vero ago della bilancia, sei tu. Ogni decisione, ogni errore, ogni vittoria è lo specchio della tua mente, delle tue emozioni e delle tue convinzioni. È dalla tua struttura psicologica che dipendono le tue performance.

Come reagisci alla paura di perdere? Come gestisci l'euforia di un guadagno improvviso? Quanto riesci a mantenere la lucidità quando tutto sembra remare contro? Queste sono le vere domande che ogni trader deve porsi, perché il mercato non perdona esitazioni o eccessi di sicurezza. La vera battaglia non è contro il mercato, ma contro te stesso. Paura, ansia, convinzioni limitanti, impulsi autodistruttivi: sono questi i veri nemici del trader.

Quante volte hai violato le tue regole? Quante volte hai preso decisioni impulsive, solo per ritrovarti a rimpiangerle pochi istanti dopo? Sui mercati non è solo la tecnica a fare la differenza. È l'autoanalisi, la disciplina e la capacità di migliorarsi giorno dopo giorno che ti porteranno al successo.

L'Autoanalisi: il primo passo verso il successo

Prima di muoverti sui mercati, o anche se già operi da tempo, fermati. È necessario guardarti dentro. La tua operatività è il riflesso delle tue credenze, dei tuoi pensieri più radicati. Se credi che il mercato sia pericoloso e instabile, ti bloccherai davanti a ogni opportunità. Se invece lo consideri un gioco semplice, rischierai di sottovalutare i pericoli e di cadere vittima della tua stessa imprudenza.

Prendi coscienza delle tue convinzioni. Ti faccio un esempio:

- "Il mercato è un luogo sicuro per investire." C'è chi dirà: *Hai ragione.*
- "Il mercato è instabile e imprevedibile." Qualcun altro risponderà: *Hai ragione.*
- "Per fare trading con profitto servono grandi capitali." Anche qui, ci sarà chi concorda.
- "Con mille euro posso fare il 250% mensile." C'è chi risponderà: *Certo che si può fare!*

Ma la verità? Non esiste una risposta assoluta. Tutto dipende da come percepisci la realtà. E questa percezione, guidata dalle tue credenze, influenza direttamente ogni tua decisione.

Le credenze non sono solo pensieri superficiali, sono radicate nel tuo inconscio. Modellano il modo in cui vedi i mercati, il denaro e te stesso. Se queste convinzioni ti limitano, sarà difficile ottenere risultati. Ma se decidi di assumerti la piena responsabilità del tuo percorso e lavorare per superare i tuoi limiti, scoprirai che tutto può cambiare. La differenza tra successo e fallimento sta nel tuo modo di pensare.

La Responsabilità Personale: il fondamento di ogni successo

Se c'è una verità universale per ogni analista, è questa: *tu sei il solo responsabile dei tuoi risultati*. Non il broker, non il mercato, non il *destino*. Quando accetti questa realtà, smetti di giustificare i tuoi errori e inizi a imparare da essi.

Molti operatori, invece, trovano sempre un capro espiatorio: il mercato, una linea telefonica instabile, la telefonata del partner al momento sbagliato. Ma questa mentalità ti impedisce di evolvere. Solo quando ti assumi piena responsabilità per ogni decisione puoi crescere e migliorare.

Immagina di annotare le tue credenze, di esaminarle una per una. Ti accorgerai che molte di esse ti stanno sabotando. Paura, avidità, impulsività: tutte queste emozioni nascono da convinzioni profonde. Lavorare su di esse significa aprire la strada a un miglioramento reale e duraturo.

Paura e Avidità: il binomio da dominare

La paura è il peggior nemico del trader. Ti paralizza, ti fa dubitare, ti costringe a rinunciare a opportunità che avrebbero potuto portarti profitto. Ma all'opposto c'è l'avidità, un demone altrettanto pericoloso. Ti spinge a rischiare oltre misura, a cercare guadagni immediati senza valutare le conseguenze.

La chiave per dominare queste emozioni sta nella consapevolezza. Devi imparare a riconoscere quando la paura o l'avidità stanno influenzando le tue decisioni. Non puoi eliminarle del tutto, ma puoi ridurne l'impatto con un lavoro costante su te stesso.

La Strategia Mentale: una danza tra emozione e razionalità

La psicologia del trading non si limita al controllo delle emozioni. Riguarda anche lo sviluppo di una strategia mentale che sia in sintonia con le tue operazioni. Devi darti una strategia psicologica, ne devi osservare le regole. Prima di entrare in una posizione, devi avere chiarezza e sicurezza.

Ecco un esempio pratico di strategia mentale per affrontare un'entrata sul mercato:

1. **Vedi il segnale di entrata.**
2. **Conferma dentro di te che è il momento giusto per agire.**
3. **Sentiti a tuo agio, deciso, tranquillo.**
4. **Agisci con fiducia.**

Se anche uno solo di questi elementi manca, le tue decisioni rischiano di essere imprecise o dettate dall'insicurezza. Una strategia mentale coerente è come un'orchestra in cui ogni strumento suona al momento giusto.

Le caratteristiche psicologiche dell'operatore di successo

Ogni operatore di successo ha sviluppato caratteristiche psicologiche ben definite, che gli permettono di affrontare le sfide dei mercati. Tra queste:

1. **Assunzione di responsabilità personale.**
2. **Impegno costante nel migliorarsi.**
3. **Autoanalisi e costruzione del proprio profilo psicologico.**
4. **Lavoro sui propri limiti e sulle paure.**

Questi elementi non sono opzionali. Sono il cuore di una strategia vincente, tanto quanto le tecniche di analisi e le strategie operative.

Adattarsi al Mercato: l'illusione della tecnica perfetta

Uno degli errori più comuni è pensare che il mercato si debba adattare alla propria tecnica. È un'illusione pericolosa. Il mercato è vivo, imprevedibile, segue le sue logiche e non si piega alla tua volontà.

Il trader di successo sa che deve essere lui ad adattarsi. Capire i movimenti del mercato, fluire con essi, sviluppare una strategia che non cerchi di forzarlo, ma di assecondarlo. Questa è l'unica via per ottenere risultati costanti.

La Psicologia del Trading: il tuo vero vantaggio competitivo

In conclusione, il successo nei mercati non dipende solo da strategie o strumenti sofisticati. Dipende dalla tua mente, dalla tua capacità di dominare le emozioni, di lavorare sui tuoi limiti, di adattarti al mercato. Se riesci a fare tutto questo, avrai un vantaggio che nessun altro può replicare: il controllo su te stesso.

La strada per il successo finanziario è tracciata dalla consapevolezza, dalla disciplina e dall'umiltà di imparare da ogni errore. Il mercato premia chi è pronto a migliorarsi, chi accetta la sfida più difficile di tutte: vincere contro i propri demoni interiori.

Il Viaggio psicologico del Trader

Abbiamo da sempre posto l'accento su quanto sia importante la preparazione psicologica del Trader, e abbiamo descritto come ci controllano e come si governano le diverse emozioni che molto spesso ci portano ad aprire posizioni sul mercato quando non si deve.

In questo capitolo ci concentreremo sul viaggio psicologico che ogni trader attraversa per evolversi e diventare un professionista, piuttosto che analizzare le singole emozioni che caratterizzano il percorso. In buona sostanza, voglio descrivere le varie fasi psicologiche che, volente o nolente, dovrà sopportare, al di là dell'analisi del grafico, per alzare il suo livello di prestazione professionale.

Questo è un percorso che nessuno può evitare. Possiamo affrontarlo consapevolmente o no, ma una cosa è certa: dobbiamo percorrerlo. Leggere l'esperienza, o averla donata, è un vantaggio che se si sa usare ci prepara alla consapevolezza di quello che dobbiamo affrontare durante il nostro cammino.

Ora che abbiamo compreso l'importanza di questo viaggio, esploriamo le varie fasi psicologiche che un trader attraversa. Nella figura sotto ho preparato uno schema che darà il senso di quello che illustrerò in seguito.

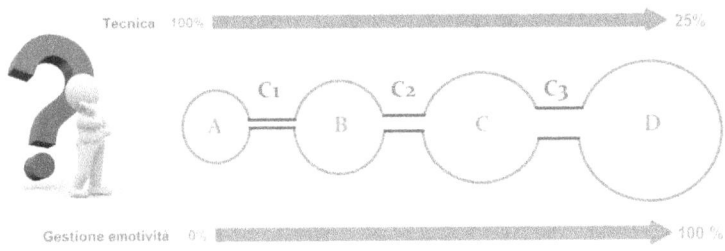

Il Viaggio psicologico del Trader

Questo disegno rappresenta il viaggio di crescita interiore attraverso lo studio, la pratica e l'esperienza. All'inizio, quando siamo neofiti, ci troviamo fuori dal primo cerchio, con molte incertezze e domande sulla nostra testa. Quello che sentiamo si può descrivere come un'intensa attrazione verso quella che rappresenta la possibilità di guadagnare molto denaro e guardiamo al mondo dei mercati finanziari come un qualcosa di miracoloso che risolverà i problemi della nostra vita.
Siamo spinti dalla fretta di trovare un metodo che possa garantirci un guadagno rapido e immediato.

Cerchiamo tutte le soluzioni, le più facili e veloci, ovviamente. L'entusiasmo e l'ansia del risultato non ci consentono di volgere la nostra attenzione al sacrificio e allo studio. All'inizio del percorso, non siamo maturi abbastanza e, se dobbiamo dirla tutta, non ne abbiamo assolutamente voglia.

Il nostro pensiero è offuscato dalla promessa di guadagni facili e, così, ci lanciamo in ricerche affannose di metodi rapidi. Ci ritroviamo spesso a leggere testi esoterici o a seguire consigli da chi dipinge il trading come un gioco da ragazzi, suggerendo persino che si possa imparare mentre si fa altro, come guardare la TV o allattare il proprio bambino.

Ritorniamo al tema centrale: il passaggio attraverso i cerchi. Dopo aver sperimentato il caos iniziale, arriva il momento in cui dovete stabilizzarvi e fare il salto verso il cerchio A, dove l'apprendimento e la consapevolezza iniziano a prendere forma. Il dado è tratto. Siete entrati nel territorio della finanza. Cominciate l'attività e, tra le mille operazioni che avrete eseguito, molte le avrete vinte e parecchie le avrete perse. Vi sembrerà di giocare alla roulette, dove ogni operazione è una scommessa, ma vi accorgerete presto che i veri profitti sono ancora lontani. Se siete stati fortunati, il saldo del vostro conto sarà pari all'importo del capitale iniziale; altrimenti, nel caso contrario, vi troverete schiacciati dalla frustrazione psicologica per aver subito una perdita senza capire il perché.

Vi renderete immediatamente conto che è impossibile raggiungere l'obiettivo desiderato senza un programma di crescita solido, se intendete perseguire seriamente questa carriera. Noi lo diamo per scontato. Consapevoli di questo, ci mettiamo alla ricerca della condizione che può darvi l'equilibrio, un'esperienza necessaria che possa permettervi di occupare stabilmente il cerchio A con orgoglio e preparazione.

Grazie al vostro impegno e agli approfondimenti eseguiti, arrivate a conquistare il primo piccolo obiettivo: il sapere necessario per operare da cerchio A. La sensazione che avrete sarà quella di sentirvi completi e preparati, nonostante il bagaglio di conoscenze tecniche si trovi ancora al minimo.

All'inizio del nostro percorso, potrebbe capitarci di incontrare altri operatori con esperienza decennale e confrontarci sugli studi. La prima reazione sarà di guardarlo dall'alto in basso, se avrete la propensione a essere arroganti. Altrimenti, manterrete un atteggiamento difensivo, per non scoprire le vostre debolezze, lasciando immaginare che la vostra preparazione superi quella di Livermore. Li tratterete da pivellini, perché, senza rendervene conto, vi chiederete il motivo per cui loro abbiano perso così tanto tempo per capire quei concetti, che a voi sembrano addirittura ridicoli. In fondo, con quelle quattro nozioni, potrete operare con successo.

Questa è anche la fase iniziale in cui, nonostante li leggiate, li sentiate e li ripetiate, vi sfuggiranno molti concetti fondamentali, anche banali ma essenziali. Questo processo avviene perché la mente, già di suo, non è né in grado né pronta ad assorbirli. La nostra mente vedrà e assimilerà sempre ciò che vorrà percepire e assorbire. Funziona così: se la mente non è ben preparata, si difenderà sempre. Ignorerà quei passaggi che non riuscirà a comprendere. A causa di ciò, imparerete molti concetti con abbondante ritardo. Avendo consapevolezza del suddetto processo di assimilazione, non entrerete nello stato di ansia ma affronterete le lezioni con serenità, sapendo che dovrete rileggerle.

Inevitabilmente, a un certo punto, quando vi sentirete saturi, il vostro cervello vorrà sapere di più. Sentirete il bisogno di fare ricerca, e il vostro bagaglio di conoscenze non basterà più. Vi chiederete di scoprire nuovi approfondimenti e imparare concetti nuovi. La nuova sperimentazione e lo stimolo verso il nuovo sapere vi costringeranno ad abbandonare il cerchio A per intraprendere il corridoio C1 e raggiungere il cerchio B.

Il corridoio simboleggia il processo di transizione che ci porta da un livello di conoscenza a un altro, un periodo di apprendimento intensivo. Durante questo percorso saremo soggetti a influenze esterne. Non sappiamo cosa o chi incontreremo, né da quale argomento potremo essere attratti. È un momento molto delicato e, se siete autodidatti, può succedervi di tutto. Possiamo anche essere attratti o adescati dallo sciamano di turno, con le piume gialle sulla testa, ed essere coinvolti nei sacri rituali dell'impero azteco. Se avete una preparazione adeguata, sarete protetti dal vostro indirizzo di studio, anche se non si può escludere la possibilità di deviare e fare scelte non corrette.

Consideriamo il caso che siate stati formati. L'altra possibilità non voglio proprio valutarla. Attraversate il corridoio affrontando le varie influenze. Camminate lungo questa strada rendendovi conto del mondo esterno (altri tipi di studio). Ai lati ci sono venditori ambulanti, negozi, maghi e professionisti che vogliono offrirvi studi e pozioni miracolose. Vi fermano, vi tirano per la giacca e siete costretti, quindi, a conoscere molte più cose del mondo del trading. Conoscere non equivale sempre a sapere: attenzione!

Infine, determinati e dopo tante peripezie, approdate al cerchio B. Ci rendiamo conto che è un po' più grande. La grandezza del cerchio rappresenta l'allargamento della competenza nel mondo dell'operatività finanziaria. Necessariamente, per operare bene in quel territorio, occuparlo e padroneggiarlo, dovete riempire quel vuoto con la nuova e giusta conoscenza.

All'inizio vi sentirete destabilizzati, ma dopo un po', con l'impegno e la giusta direzione, comincerete a ritrovare l'equilibrio. Con il tempo, la vostra mente espande i suoi orizzonti, acquisendo una nuova comprensione che amplia significativamente la vostra preparazione.

Diamo sempre per scontato che avete ricevuto il giusto insegnamento, una buona preparazione e la proprietà dei concetti idonei alla vostra operatività; perché se così non fosse, andreste dritto ad abbracciare il frutto di un fallimento disastroso. Un altro rischio che incombe sui trader inesperti è quello di perdere l'identità che hanno costruito. Cambiare binario di studi in corso d'opera, o subito dopo, non è mai consigliabile. La nuova conoscenza, per quanto valida, molto probabilmente, può prospettarci altri metodi e altre funzioni. Distaccarsi, all'inizio, anche per breve periodo, da quello che avete studiato e dal proprio metodo, comporta il rischio della spersonalizzazione. Molti analisti potrebbero parlarne riempiendo migliaia di pagine con fiumi di parole.

Quando entri nel terreno della spersonalizzazione, cominci a provare un senso di smarrimento e ti senti perso. Se non c'è qualcuno che ti tende la mano, ti sarà molto difficile uscirne. Ti troverai di fronte a un incrocio e dovrai decidere se: abbandonare o ricominciare dall'inizio da quegli studi che funzionavano. A priori ti dico che molti abbandonano, portando con sé un ricordo traumatico dei mercati finanziari. Solo chi ha forte volontà e determinazione ricomincia.

Con l'acquisizione di nuove competenze, la vostra preparazione si stabilizzerà, consentendovi di affrontare con maggiore sicurezza le sfide all'interno del cerchio B, un livello avanzato di operatività. Ma ciò non basterà. Prima di uscire dal cerchio, è necessario interiorizzare tutti i contenuti, le sfumature, i concetti. Devi sentirti padrone della tecnica e operare con disinvoltura, senza tensioni emotive. Quando sarete pronti, e avrete acquisito il grado psicologico per stare nel cerchio B, la vostra voglia di approfondire si risveglierà, spingendovi a cercare nuove informazioni. Tra una fase e l'altra, può anche capitare che vi sentiate confusi.

Talvolta potrete avere la sensazione di aver perso l'abilità nell'operare e vivere un senso di smarrimento. Non bisogna scoraggiarsi: come detto in precedenza, è un percorso cui non possiamo sottrarci. Conoscere questo dato vi procurerà un grande vantaggio, e la perseveranza vi trasformerà in vincenti.

La causa è l'aggiunta e la gestione di nuove informazioni a cui non siete abituati. Si tratta di una fase psicologica causata dal nuovo territorio, il cerchio, che deve essere riempito, domato e gestito con la nuova esperienza. Le nuove conoscenze, non ancora innestate alle vecchie, possono innescare questa sensazione di smarrimento. Bisogna lavorarci un po' e rimanere centrati per non correre il rischio di perdersi. Condividere lo stesso ambiente di trading con altri colleghi può aiutare moltissimo.

È venuto il momento di spostarsi lungo il corridoio C2 e avviarsi verso il cerchio C. Questa è una fase molto delicata. Avrete certamente notato che il corridoio è sempre più largo: le nostre maggiori esperienze ci permettono di cogliere particolari che prima non prendevamo in considerazione, pur vedendoli.

Questi dettagli cercheranno d'influenzare la vostra mente in qualche modo, ma sarete voi a decidere se considerarli o meno. Non tutto ciò che noterete porterà prosperità alla vostra operatività. Alcune teorie faranno solo perdere tempo e, talvolta, denaro. Dovete seguire il vostro percorso rimanendo al centro della carreggiata, in equilibrio, per difendervi da influenze dannose. Serve fermezza per rimanere concentrati sulle proprie posizioni operative. In questa fase emergerà un'altra influenza critica e pericolosa: la reazione della vostra emotività. Potrà sembrare insolito, ma è così: la gestione delle emozioni è la sfida più complessa che incontrerete. Entrare nel mondo dell'emotività e sviluppare capacità di controllo significa salire sul podio dei campioni. È un aspetto che i novizi non conoscono e non immaginano, se non guidati scrupolosamente. Questa gestione è più complessa dello studio della tecnica, e nel cerchio C ne prenderete piena consapevolezza.

All'inizio sarà difficile comprenderlo, ma la perseveranza nel gestire questa esperienza vi premierà. L'operatività sui mercati finanziari permette di monitorare la propria crescita, e presto capirete che il profitto è possibile solo se riuscirete a dominare l'emotività.

Come per il cerchio B, anche nel cerchio C troverete più spazio da riempire. Comprenderete che la tecnica da sola non basta: serve un valore aggiunto, ovvero la stabilità psicologica. Questa si sviluppa lavorando sulla motivazione, che deve spingervi a entrare nel mercato senza subire impulsi emotivi.

È essenziale riconoscere che quando l'ingresso al mercato è motivato dall'emotività, quell'operazione è destinata a fallire. Ognuno di voi è un soggetto unico e deve trovare il proprio equilibrio. Come Virgilio per Dante, un maestro può guidare, ma sarà l'applicazione personale a portare all'apprendimento perfetto. La strada è una sola: ripetitività del metodo, disciplina e accumulo di esperienza.

Concentratevi sul vostro metodo, operando con uno o pochi strumenti, almeno all'inizio, che siano ben conosciuti e monitorati quotidianamente. In altre parole, una volta appresa la tecnica, dovrete battere il chiodo e forgiare il vostro stile operativo.

Un'altra verità importante emergerà: i profitti nell'operatività finanziaria sono probabilità statistiche, e il vostro metodo, raffinato e plasmato nel tempo, migliora solo le opportunità di successo. Non disperdete le energie inseguendo teorie o tecniche proposte da altri solo perché vi incuriosiscono: ne subireste le conseguenze.

Dopo una solida formazione, con padronanza tecnica e controllo psicologico, l'obiettivo è personalizzare la tecnica in armonia con il vostro essere. È come confezionare un vestito su misura.

Ad esempio, se il vostro formatore suggerisce un'operatività con un ingresso di dieci euro a pip, potreste non sentirvi a vostro agio con questa size perché troppo alta. Sentirete tensione e nervosismo. Abbassarla potrebbe essere la soluzione. Lo stesso vale per il momento di ingresso nel mercato: potreste preferire approcci più moderati, più aggressivi o più creativi. Dovrete cercare un'operatività che vi faccia sentire a vostro agio. La sofferenza è un errore: quando la percepite, dovete correggere il tiro.

Nel cerchio C, si consolidano queste basi, ma continuerete a incontrare difficoltà: crisi momentanee, tentazioni di cambiare metodo, curiosità verso nuovi approcci che rischiano di spersonalizzare il vostro. È fondamentale educare la mente a rimanere centrata sul proprio metodo per evitare di smarrirsi.

Quando arriverete al corridoio C3, più largo del precedente, noterete che esso mette alla prova la vostra determinazione. Colleghi, testi o nuove teorie potrebbero distrarvi. Mantenere salda la rotta vi aiuterà a superare indenni questa fase e approdare al cerchio D, l'ultimo.

Siete finalmente giunti al cerchio D, l'ultimo tratto del vostro percorso. Superato il corridoio C3, approdate in uno spazio ancora più ampio. Lo aspettavate, vero? Riempirlo sarà una sfida ancor più grande, richiederà pratica, impegno e dedizione.

Ma cos'è il cerchio D e cosa rappresenta?

È il cerchio dell'esperienza e della consapevolezza avanzata, dove l'apprendimento dai propri errori avviene in modo più rapido e incisivo. Qui si consolida la rotta, si fissano obiettivi ambiziosi, e si mira a migliorare la propria vita in maniera totale.

La consapevolezza che si acquisisce in questa fase, una saggezza derivata dalle proprie azioni e conoscenze, trasforma l'operatività finanziaria in un potente strumento di crescita. Essa non è solo un modo per leggere il mercato, ma una lente per interpretare il mondo, scoprendo e riconoscendo manipolazioni e dinamiche nascoste. In questo processo, si impara ad armonizzare il proprio rapporto con il denaro, una relazione che spesso è causa di tensioni emotive e irrazionalità.

Perché è così importante il rapporto con il denaro?

Perché esso può annebbiare il giudizio, alimentando due potenti emozioni: l'avidità e la paura. L'avidità spinge a cercare guadagni illimitati, mentre la paura di perdere ciò che si possiede induce a rinunce premature. Entrambe offuscano la mente e impediscono di cogliere opportunità che potrebbero essere sfruttate attraverso un approccio tecnico e disciplinato.

In questa fase ci dedicheremo al perfezionamento della tecnica. L'obiettivo sarà padroneggiare il tempismo, riconoscere il momento giusto per entrare e, soprattutto, sapere quando uscire, evitando che l'ingordigia rovini i progressi fatti. Comprenderete che il vero ostacolo non è entrare nel mercato, ma mantenere una posizione in profitto, gestendo l'emotività che subentra nei momenti decisivi.

Perché è così difficile mantenere una posizione in profitto?

Perché la mente, se non ben allenata, tende a sabotare. Chiudete una posizione, magari spinti dalla paura, solo per vedere il prezzo continuare a salire:

un'occasione persa. È una delle difficoltà più grandi che un trader deve affrontare. La paura di perdere capitale o profitti si manifesta con una pressione costante, e superarla richiede un lungo lavoro su se stessi.

Il cerchio D: centratura e applicazione

Il cerchio D rappresenta la fase della piena integrazione di tutto ciò che avete appreso. Qui si raggiunge l'espansione delle conoscenze e delle abilità. Capirete che il rapporto tra tecnica e gestione psicologica si ribalta: se all'inizio il focus era principalmente tecnico, ora la gestione dell'emotività acquisisce un ruolo predominante, arrivando a rappresentare il 100% della vostra capacità operativa. In questo stadio, accettare le perdite diventa essenziale, così come bilanciare il rapporto con il denaro: né troppo attaccamento né troppa leggerezza. Il denaro è solo uno strumento per migliorare il benessere, e l'equilibrio è il segreto del successo.

Disciplina, esperienza e apprendimento dagli errori

La disciplina, in particolare, richiede una cura costante. Gli errori gravi derivano dall'emotività; quelli meno gravi dalla mancanza di studio. Ma attenzione: l'errore è inevitabile. Perfino i sofisticati sistemi di High-Frequency Trading (HFT) non sono infallibili. E allora, come minimizzare gli errori?

Tre elementi sono fondamentali:

- **Tempo:** Non si diventa trader in pochi giorni o settimane. È un percorso che richiede costanza e dedizione.
- **Studio:** Le competenze si costruiscono con l'analisi e l'approfondimento continuo.
- **Appunti:** Annotare gli errori aiuta a studiarli e a comprenderli. Scrivere ha un effetto catartico e favorisce la memorizzazione.

Un metodo efficace consiste nel classificare gli errori:

- **Tipo di errore:** analisi sbagliata, impulso emotivo, distrazione.
- **Frequenza:** ciclico, ricorrente, nuovo.
- **Soluzione:** strategie per prevenirlo o correggerlo.

Personalmente, utilizzo schede sintetiche per annotare ogni errore, accompagnate da una breve analisi e dalla risposta alla domanda: *"Come avrei potuto evitarlo?"*. Questo approccio non solo favorisce la riflessione, ma aiuta a sviluppare abitudini operative più efficaci.

Un percorso di trasformazione

Il trading, se affrontato con serietà, non si limita a migliorare le competenze tecniche: trasforma il carattere e il modo di vedere il mondo. Rileggere queste pagine, con il tempo, vi permetterà di approfondire concetti che oggi potrebbero sembrarvi complessi. Il vostro viaggio è solo all'inizio, ma con impegno e disciplina, le possibilità di successo sono infinite.

Personalità dell'operatore finanziario e metodi di operatività

Prima di entrare nel merito della personalità dell'operatore finanziario, che rappresenta uno degli elementi fondamentali per il successo nell'operatività finanziaria, è utile capire cosa si intenda per "personalità" in generale.

La personalità è l'insieme delle caratteristiche psicologiche e dei modelli comportamentali (attitudini, interessi, sentimenti, orientamenti) che definiscono le differenze tra gli individui nei vari contesti in cui si manifesta il comportamento umano. Utilizzando le parole di Hans Jürgen Eysenck, psicologo tedesco, possiamo definirla come: "La personalità è la più o meno stabile e durevole organizzazione del carattere, del temperamento, dell'intelletto e del fisico di una persona: una struttura che determina il suo adattamento complessivo all'ambiente."

Gli operatori finanziari sono persone con personalità molto diverse e con ambizioni che variano notevolmente. Questa professione è svolta da uomini, donne, esperti e principianti, ognuno con peculiarità che rendono unico il proprio approccio al mercato. La lista potrebbe continuare all'infinito, poiché ogni operatore si distingue per la propria personalità, la propensione al rischio, la propria situazione economica e le esperienze vissute.

Ogni individuo è unico, con preferenze e circostanze che determinano il suo modo di affrontare le sfide. La personalità non deve mai essere sottovalutata, soprattutto nell'ambito dell'operatività finanziaria, ma in generale in ogni campo professionale. Comprendere come operare al meglio nei mercati finanziari significa, innanzitutto, scoprire la propria "personalità commerciale", che guiderà lo stile e il metodo di operatività più adatti a ciascun operatore.

Come ho sempre affermato, l'operatività finanziaria è come un abito su misura, e non esiste una "taglia unica". Non esiste un solo metodo che funzioni per tutti gli operatori e che garantisca risultati positivi in ogni situazione. Ogni persona ha il proprio approccio che si riflette nel metodo di lavoro.

Il primo passo per avere successo in quest'ambito è fare un'autovalutazione della propria personalità: i comportamenti, le convinzioni, la mentalità. È fondamentale porsi domande profonde per conoscersi veramente, rispondendo con sincerità per migliorare. Mi considero disciplinato? Sono un buon gestore del rischio o lo evito? Sono un indeciso o un istintivo? Sono paziente o esplosivo? Mi piace l'adrenalina o preferisco un approccio più razionale e riflessivo?

Le risposte a queste domande non solo guideranno la gestione del rischio, ma metteranno l'operatore finanziario nella direzione giusta per un lavoro produttivo, senza perdere tempo in strategie non adatte al proprio carattere.

Un ottimo strumento per questo processo di autovalutazione è il diario di operatività, dove registrare ogni singola operazione e riflettere su di essa. Questo metodo consente di analizzare il proprio processo decisionale dopo ogni negoziazione e aiuta a identificare i punti di forza e le aree di miglioramento nella propria attività. Scrivere i propri pensieri e le sensazioni durante il trading aiuta a riconoscere schemi ricorrenti e, alla lunga, offre la possibilità di fare crescere l'autoconsapevolezza.

Comprendere la propria personalità è una cosa, ma saperla applicare in tempo reale, mentre si è immersi nei mercati finanziari, è tutt'altra questione. Un diario di operatività curato consente di rivedere le operazioni vincenti e perdenti, identificando con precisione i motivi di successo o fallimento. Con il tempo, si impara a comprendere meglio come le proprie inclinazioni psicologiche influenzano le decisioni e come sfruttarle a proprio favore.

L'operatività finanziaria è, in effetti, un "abito su misura" che va adattato costantemente. Si tratta di un lavoro che richiede impegno continuo, adattamento alle circostanze e una continua riflessione su sé stessi. È un processo di evoluzione e scoperta, che permette a ciascun operatore di capire chi è veramente e dove può arrivare. Non è un cammino facile, ma è indispensabile per ottenere una preparazione solida.

Come ogni buon sarto sa, lo stesso abito cucito da persone diverse risulterà diverso, perché ogni individuo è unico. Così è per l'operatività finanziaria: ogni operatore, pur utilizzando lo stesso metodo, avrà risultati differenti, non solo per il suo approccio, ma anche per la sua personalità. Ecco perché non si può prescindere da una riflessione profonda su se stessi.

La Radice della Paura nell'operatività finanziaria

La paura è un'emozione che accompagna frequentemente chi opera sui mercati finanziari. Si manifesta in diverse forme e può essere scatenata da molteplici fattori, spesso difficili da identificare. Per affrontarla in modo efficace, è fondamentale comprenderne l'origine e il suo impatto sull'operatività.

Le molteplici radici della paura

Un operatore finanziario può temere le perdite, ma rassicurarlo che queste fanno parte del processo non risolve il problema alla radice. La paura è spesso il sintomo di questioni più profonde, che si celano dietro comportamenti e decisioni operative.

1. **Mancanza di fiducia nella strategia adottata**
   Un operatore potrebbe aver scelto una strategia senza averla approfondita o testata adeguatamente. Quando ci si lancia nei mercati finanziari senza una piena comprensione del metodo utilizzato, ogni operazione può apparire come un salto nel vuoto, alimentando ansia e insicurezza.

2. **Percezione di insufficiente impegno**
   Talvolta la paura deriva dalla sensazione di non aver dedicato sufficiente tempo o attenzione alla preparazione. Chi affronta i mercati senza la dovuta serietà o con superficialità può inconsciamente sentirsi vulnerabile, amplificando l'ansia davanti a decisioni critiche.

3. **Aspettative irrealistiche**
   Obiettivi come raddoppiare il conto in pochi mesi o realizzare guadagni costanti senza margine di errore creano una pressione insostenibile. Quando queste aspettative si scontrano con la realtà, subentrano delusione e timore, portando a un blocco operativo.

4. **Assenza di un sistema di lavoro strutturato**
   Operare senza un piano chiaro, regole precise o una strategia ben definita equivale a navigare senza bussola. Questa mancanza di struttura genera inevitabilmente incertezza, che può paralizzare l'azione.

5. **Fissazione su obiettivi di performance arbitrari**

Focalizzarsi esclusivamente su risultati numerici, come raggiungere un guadagno specifico in tempi rigidi, può causare una tensione costante. Questa pressione trasforma ogni operazione in una fonte di ansia, ostacolando una visione equilibrata dei mercati.

Comprendere e affrontare la paura

Per superare la paura, è necessario andare oltre i sintomi e indagare le cause profonde. Ogni operatore ha bisogno di un'autoanalisi sincera, accompagnata da strumenti pratici per costruire una base più solida.

1. **Esercizi di autoconsapevolezza**

   Identificare le fonti della paura è il primo passo. Tenere un diario operativo può aiutare a tracciare le emozioni legate alle decisioni, evidenziando i fattori ricorrenti che scatenano ansia o incertezza.

2. **Test e revisione della strategia**

   Prima di investire capitale reale, è essenziale testare la strategia in condizioni controllate, utilizzando ad esempio simulazioni o conti demo. Questo processo aumenta la fiducia nel proprio approccio e riduce la sensazione di rischio incontrollabile.

3. **Formazione continua**

   Un operatore ben preparato è meno vulnerabile alla paura. Investire nel proprio apprendimento, approfondendo tecniche e strategie, migliora non solo la competenza ma anche la sicurezza personale.

4. **Gestione delle aspettative**
5. Rivedere gli obiettivi con realismo è fondamentale. Il successo sui mercati finanziari non è lineare, e accettare la natura ciclica dei guadagni e delle perdite aiuta a mantenere un atteggiamento equilibrato.
6. **Creazione di un sistema strutturato**

   Un sistema ben organizzato, con regole chiare per entrare e uscire dalle operazioni, limita le decisioni impulsive e fornisce una guida affidabile anche nei momenti di stress.

Oltre la paura: una gestione emotiva consapevole

La paura è un segnale prezioso, che spesso ci avverte di aree in cui dobbiamo crescere o migliorare. Tuttavia, non può essere superata affrontandola superficialmente o ignorandola. Ogni operatore dovrebbe considerare la gestione emotiva come una componente essenziale del proprio percorso professionale.

Scavare oltre la superficie e ascoltare la propria "vocina interna" può rivelarsi un'arma potente. È lì che risiedono le risposte che cerchiamo, ma serve il coraggio di affrontare quelle verità e trasformarle in opportunità di crescita.

In definitiva, imparare a riconoscere e gestire le radici della paura non solo migliora la qualità delle decisioni operative, ma consente anche di avvicinarsi ai mercati con maggiore serenità e fiducia. Il risultato non è solo un successo finanziario, ma un equilibrio più profondo tra mente e performance.

Domina le tue trappole mentali

Le emozioni: nemiche o alleate?

L'avidità può spingerti a mantenere una posizione troppo a lungo, nella speranza di ottenere un prezzo migliore, anche quando il mercato sta andando contro di te. Questa emozione è spesso la causa di perdite significative, trasformando guadagni potenziali in dolori finanziari. Per contrastarla, mantieni sempre ben chiaro il motivo della tua posizione: se le ragioni iniziali non sussistono più, potrebbe essere il momento di chiudere o ridurre. Un modo pratico per evitare di cadere in questa trappola è stabilire livelli di take-profit e rispettarli rigorosamente.

La paura, al contrario, può paralizzarti. Ti impedisce di entrare in posizioni promettenti o ti spinge a chiudere troppo presto quelle già avviate, limitando così il tuo potenziale guadagno. La chiave per domare questa emozione è affidarti a un metodo ben pianificato e testato. La sicurezza che deriva dalla disciplina può darti la fiducia necessaria per affrontare il rischio senza esitazioni inutili. Se temi di perdere, chiediti: **"Ho rispettato il mio piano?"** Se la risposta è sì, lascia che il mercato faccia il suo corso.

Poi c'è la **paralisi da troppa analisi**. Questo fenomeno ti intrappola in un circolo vizioso di dubbi e ipotesi, facendoti perdere il momento giusto per agire. Per evitarla, impara a riconoscere i segnali chiave del mercato e allenati a prendere decisioni rapide e consapevoli. Uno strumento utile è limitare il numero di indicatori e dati analizzati, concentrandoti solo su quelli davvero essenziali per il tuo metodo.

Il lavoro su te stesso

Un trader di successo non si misura solo dalla conoscenza tecnica, ma dalla capacità di dominare se stesso. Questo significa imparare a riconoscere le proprie emozioni, osservarle e neutralizzarle. Non temere di sperimentare: come un bambino che tocca una presa elettrica per capire cosa fa male, anche tu dovrai affrontare alcune cadute per crescere. Ogni errore è una lezione, e i migliori analisti sono quelli che riescono a trasformare le esperienze negative in pilastri della loro strategia.

Adottare strumenti pratici come un diario di trading può aiutarti a riflettere sulle tue decisioni e a individuare schemi ricorrenti di comportamento. Domandati sempre: **"Quali emozioni mi stanno influenzando? Come posso affrontarle la prossima volta?"** Questo lavoro su di te è un percorso continuo, ma i suoi benefici andranno ben oltre l'operatività finanziaria.

La perfezione come percorso, non come obiettivo

Imparare a gestire le emozioni non è un traguardo immediato, ma un processo graduale che richiede pazienza e costanza. Nessuno diventa immune all'avidità o alla paura, ma con il tempo puoi sviluppare un metodo che ti consenta di navigare serenamente tra queste tempeste emotive. Puoi usare tecniche come l'impostazione di ordini stop-loss per limitare le perdite o strumenti di automazione per ridurre l'impatto delle decisioni impulsive.

Questa sfida con te stesso può trasformarti profondamente. Il dominio sulle tue emozioni nell'operatività finanziaria rafforzerà anche la tua resilienza in altre aree della vita, migliorando il modo in cui affronti difficoltà e prendi decisioni sotto pressione. È una ristrutturazione interiore che ti renderà più consapevole, disciplinato e strategico.

Quindi, prima di pensare a vincere, impara ad accettare il rischio, a entrare nel mercato con consapevolezza e a coltivare un metodo che ti guidi. La vera vittoria non è solo nei guadagni, ma nella capacità di costruire una versione di te stesso più forte e determinata.

"Il trading non è solo una sfida contro il mercato, ma un viaggio verso il dominio di te stesso. Ogni passo avanti, ogni emozione superata, è un tassello della tua evoluzione."

La sconfitta come elemento di crescita: il segreto per una mentalità vincente

La sconfitta aiuta a costruire una mentalità vincente. Come? Paradossalmente, quando ci chiediamo: cosa occorre per sviluppare una mentalità vincente, la risposta è: perdere!

Perdere è ciò che fa crescere una mentalità vincente. Vincere, soprattutto quando avviene troppo presto e troppo facilmente, può invece creare una mentalità perdente. Può sembrare strano, ma è proprio così.

Raggiungere i propri obiettivi e ottenere un certo grado di successo, senza dubbio, dà più soddisfazione che perdere. Ma la vera domanda, per cominciare a comprendere il meccanismo, è: qual è il nostro approccio al successo, o meglio, alla sconfitta? Noi occidentali, in particolare, tendiamo a vivere la sconfitta come un evento catastrofico e deprimente, senza mai considerarla come un'opportunità di crescita. Quando perdiamo, ci sentiamo sopraffatti, ci arrovelliamo su di essa, finendo per soffermarci su pensieri distruttivi, che non fanno altro che peggiorare la situazione.

Ma questo approccio è errato. È un retaggio di una cultura che non sa vedere la sconfitta come un'occasione di apprendimento. Per comprendere meglio questo, basta riflettere su alcune semplici domande:
- Se io chiedessi: come resistere di più al freddo? La risposta sarebbe: esponendosi al freddo.
- Se io chiedessi: come possedere muscoli forti? Mi rispondereste: stressando i muscoli.
- Se io chiedessi: come migliorare la resistenza al fiato? Mi rispondereste: allenandosi al fiato.
- Se io chiedessi: come diventare un bravo prestigiatore? Mi rispondereste: esercitandosi di più.

Cosa accomuna queste risposte? Il processo di adattamento. Il nostro corpo e la nostra mente si adattano costantemente, superando vari tipi di stress per accedere a un livello superiore. Questo principio biologico non vale solo per il fisico, ma anche per la mente.

Le difficoltà, se affrontate e dosate correttamente, stimolano risposte progressive di rafforzamento. Questo è alla base dell'adattamento biologico, ma, mentre accettiamo facilmente questo concetto per il corpo, spesso facciamo più fatica ad applicarlo ai processi mentali. Ecco che nasce la resistenza.

Come nel caso del corpo, anche la mente si rafforza se stressata e allenata nel giusto modo. La sconfitta, se vissuta correttamente, diventa una parte fondamentale di questo processo di crescita mentale. Molto spesso, ci sorprendiamo di fronte al successo di alcune persone. Guardiamo al risultato finale, ma raramente consideriamo il tipo di stress che quelle persone hanno affrontato e l'adattamento mentale che il loro cervello ha dovuto sviluppare per raggiungere quel livello di performance. Il loro successo è il frutto di un lungo e difficile processo di adattamento a circostanze che hanno messo alla prova le loro capacità mentali e fisiche.

È un errore guardare una persona che sembra avere una mentalità vincente e pensare che sia nata con una predisposizione speciale o che abbia sempre avuto fortuna. No! Quello che vediamo è il risultato finale di un processo di adattamento che quella persona ha affrontato con determinazione, imparando dai suoi errori e superando ogni ostacolo.

Il processo di crescita è sempre lo stesso e si riflette nel ciclo che vediamo nell'immagine sottostante.

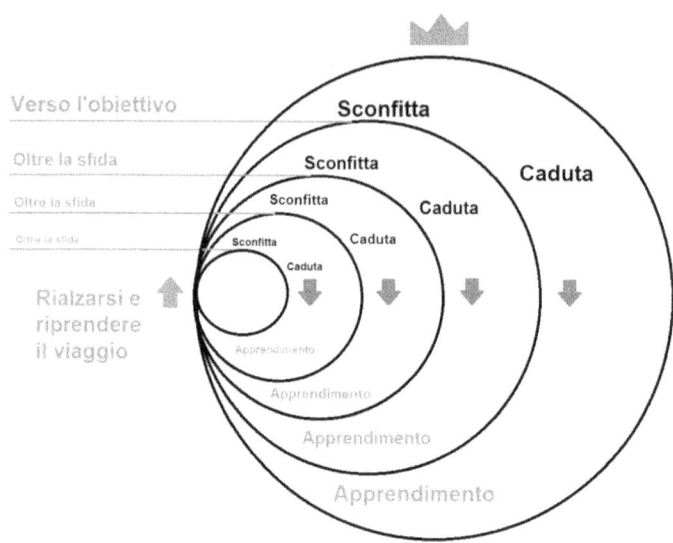

Il ciclo dell'apprendimento e della crescita

Questo schema pone al centro la familiarità con la sconfitta e il suo processo di evoluzione. L'apprendimento non segue una progressione lineare, ma piuttosto un percorso circolare, ciclico. Osservare questo schema a lungo, anche senza esserne consapevoli, ci aiuta a sviluppare una maggiore consapevolezza e familiarità con il processo stesso.

Ogni cerchio rappresenta una fase, un livello di conoscenza. Ogni fase ha una durata variabile, che dipende dall'individuo, dalle sue capacità, dalla sua volontà e dal suo impegno. L'evoluzione da una fase all'altra non è mai garantita e può non permettere il passaggio al livello successivo.

La persona che sviluppa una mentalità vincente è stata sconfitta più volte. Ciò che la distingue dalle altre è la sua capacità di metabolizzare la sconfitta, di ripensarci sopra, di imparare da essa. Quella persona non si ferma davanti agli errori, ma costruisce sopra di essi, cercando di non ripetere gli stessi sbagli.

Per questa persona, la sconfitta è una parte integrante del meccanismo di apprendimento che porta alla vittoria. Ogni sconfitta diventa un passo verso un ulteriore livello di conoscenza, una lezione che, se compresa, permette di andare oltre. Anche quando una persona affronta una nuova sconfitta, essa è solo un'opportunità per apprendere qualcosa di nuovo e rimettersi in gioco.

La persona vincente non ha paura di ripetere il ciclo, anche più volte. Quando supera un cerchio, è certa di aver imparato la lezione, e si prepara ad affrontare una sfida ancora maggiore, a un livello superiore di apprendimento. La sua conoscenza si espande, e con essa la sua capacità di affrontare la vita e il lavoro con successo.

Il ritmo è sempre lo stesso: inizi il cerchio (l'attività che intendi intraprendere), subisci la sconfitta, entri nella zona di apprendimento, riprendi l'attività, ti rialzi e continui il tuo viaggio verso un livello di conoscenza superiore. Maggiore è la sfida, maggiore sarà l'impegno richiesto.

Quando una persona supera un livello, espande la sua sfera di influenza. Utilizza la sconfitta precedente per costruire il suo bagaglio di conoscenze, competenze e attitudini mentali, che le permetteranno di affrontare il prossimo livello con maggiore consapevolezza.

Questo principio può essere applicato in qualsiasi ambito della vita, non solo in quello lavorativo.

Il ruolo della sconfitta nella crescita personale

Quindi, paradossalmente, quando ci chiediamo cosa conti davvero per costruire una mentalità vincente, la risposta migliore è: perdere!

- Qual è il segreto del successo? Le scelte giuste.
- Come si fanno le scelte giuste? Attraverso l'esperienza.

- Come si acquisisce esperienza? Facendo scelte sbagliate.

La crescita passa anche attraverso il fallimento. È una questione di approccio: il miglior approccio è considerare la sconfitta come una parte fondamentale del processo di crescita, senza paura. Non è qualcosa di cui vergognarsi o da nascondere. Al contrario, la sconfitta va affrontata, abbracciata avidamente, per trarne vantaggio dalle lezioni che può offrirci.

Le sfide della vita devono sempre contemplare la possibilità di perdere, perché, altrimenti, la paura del fallimento diventa paralizzante. Statistiche dimostrano che la paura di fallire è ciò che frena maggiormente le persone. È fondamentale imparare a convivere con essa, a diventare familiari con l'idea che la sconfitta è una parte inevitabile del nostro percorso.

Anche se si è pieni di paura, bisogna guardare la sconfitta negli occhi, affrontarla e fare pace con essa. Capire che la sconfitta è una parte integrante della nostra vita e che, se affrontata correttamente, può offrirci grandissimi insegnamenti. Per uscirne vittoriosi, bisogna solo sforzarsi di comprendere il motivo della nostra sconfitta e imparare da essa.

La disciplina per raggiungere le migliori performance

Un trader vincente supera costantemente i propri limiti. Per arrivare al top, non basta essere bravi: occorre disciplina. Non esiste un livello intermedio. Un campione coltiva la propria mente, pianifica, possiede autocontrollo, una forte volontà e, soprattutto, disciplina.

In qualsiasi competizione sportiva puoi permetterti di perdere, di avere un momento di distrazione o di stanchezza, ma sui mercati finanziari no! Un trader protegge prima di tutto il capitale, poi pensa al profitto. Si tratta di soldi: un attimo di distrazione e il capitale è bruciato.

Il trader deve imparare a gestire lo stress fin dall'inizio della sua carriera. Attraverso errori, prove e strategie, ricerca la perfezione. Nessuno potrà mai eguagliare le prestazioni di una mente da trader. È una professione che ti abitua a elevate prestazioni mentali, fortificando costantemente la tua capacità di affrontare la pressione.

Chi opera sui mercati finanziari non deve mai farlo per essere il secondo. Il mercato è il tuo avversario e, per rimanere a galla, devi batterlo in percentuale. Non importa come, l'obiettivo è sempre lo stesso: battere il mercato e prendere i soldi da esso. Non esiste altra opzione, o vinci o perdi il tuo capitale.

Essere un buon trader significa dedizione, studio e pensiero. Il tempo è prezioso e, mentre molti altri si godono il loro tempo libero o si dedicano al divertimento, il trader lo impiega a studiare grafici, a comprendere il mercato, a perfezionare la sua strategia.

Il trader è come un lupo che studia continuamente il territorio e la sua preda (il mercato). Sa di dover essere astuto e di dover scegliere operazioni di alta qualità. Cosa intendo dire con questo? La quantità di operazioni sul mercato non ha mai portato a risultati positivi.

Ogni operazione deve essere pianificata e selezionata con attenzione, le due cose sono strettamente collegate. I profitti derivano da una corretta pianificazione. Un trader lupo non prende tutti i trade che sembrano promettenti, ma seleziona solo quelli che rispecchiano i suoi criteri di alta qualità, pianificando ogni ingresso in base ai principi che ha definito in precedenza.

Il trader svolge vari ruoli: è analista, manager, contabile, imprenditore. La pianificazione è un'attività fondamentale per raggiungere alte performance mentali. Per farlo, deve essere organizzato. Tutti i suoi strumenti, tutto ciò che gli serve, deve essere al suo posto.

Deve essere lucido, in forma, ottimista e con lo spirito giusto per affrontare il mercato e vincere. Osserva i grafici con attenzione e, prima di entrare nel mercato, ha sempre una visione d'insieme, tenendo conto sia delle analisi tecniche che dei fattori fondamentali, attuali e futuri. Cerca di capire cosa sta muovendo il prezzo. La domanda che si pone è: questo movimento è il risultato di domanda e offerta, o c'è qualcos'altro dietro?

Sappiamo bene che domanda e offerta non sono sempre gli unici fattori che muovono il mercato. I mercati non sono romantici, sono costruiti, manipolati, e chi ci sta dietro vuole certamente i tuoi soldi.

Un grafico non è solo un movimento di prezzo: riflette emozioni e strategie, che insieme generano reazioni. Pettegolezzi, notizie, eventi particolari o disastri possono esasperare queste reazioni.

Molti credono che i movimenti di prezzo in tutti i mercati siano generati da chi investe in quel mercato. In parte è vero, ma c'è anche altro da leggere nei grafici, soprattutto i segnali lasciati dalle mani forti e dalle manipolazioni di mercato. È un dato di fatto che non si può ignorare, e chi lo fa finirà per esserne la prima vittima. Un buon trader deve allenarsi a riconoscere i segni e le tracce di queste forze. Deve imparare a ricercare la verità dietro i movimenti del mercato. La somma di questi elementi formerà i movimenti che vediamo sui grafici.

Sui grafici si può leggere la verità più cruda, a volte sleale e crudele, ma sempre verità. Accettare questa realtà e farne una consapevolezza consolidata ti aiuterà a gestire le tue responsabilità. Non imputerai la colpa a nessuno se non a te stesso. Tutto ciò che vedi sui grafici è verità, e la tua abilità sta nel riuscire a interpretarlo correttamente, nel connetterti agli elementi che lo formano.

L'eccellenza di un trader risiede nella sua capacità di scegliere il trade giusto. Deve riuscire a distinguere un vero breakout da uno falso, e può farlo solo se sa leggere bene le configurazioni del prezzo. Deve essere in grado di operare in trend, così come in congestione.

Il compito del trader è seguire il denaro. Per farlo, deve essere veloce nel pensiero e nell'azione, pronto ad aspettare il momento giusto, ma anche capace di avere la pazienza e il coraggio di restare nel mercato abbastanza a lungo da ottenere un profitto sostanzioso.

Deve padroneggiare l'arte di riconoscere e intercettare l'inizio di un trend, sapendo al contempo scartare quelli che sono già giunti alla fine. Ha un metodo che coltiva, opera sulle configurazioni di prezzo che riconosce facilmente e che statisticamente portano ai risultati desiderati. Questa è l'arte di riconoscere un buon trade, il passo verso la maturità operativa.

È necessario allenarsi per acquisire esperienza. L'esperienza è quella cosa che ti permette di navigare con maggiore probabilità di successo, di riconoscere i venti favorevoli e di evitare le tempeste. Non ci sono ore di studio che bastino. L'unica certezza è l'applicazione costante, lo studio incessante e la curiosità nel testare nuove tecniche.

Tratta l'operatività finanziaria come un business: Strategie per il successo

Un errore comune tra gli aspiranti analisti è trattare l'operatività sui mercati finanziari come un passatempo, un'attività marginale per arrotondare le entrate mensili, o addirittura nutrire la convinzione di poter diventare milionari in poco tempo. Se desideri seriamente avere successo in questo campo, devi comprendere che l'operatività sui mercati finanziari non è affatto un gioco. Ogni attività che intraprendi deve essere affrontata con consapevolezza, comprensione delle dinamiche e dedizione.

Pensi che gli analisti e gli operatori di Wall Street o delle principali borse mondiali considerino la loro attività come un semplice passatempo? Ovviamente no. Quella che molti vedono come una professione affascinante è, in realtà, un business serio, che va trattato con rispetto e impegno. Per eccellere e continuare a migliorare, devi concentrarti sul business e abbracciare la mentalità giusta.

Ecco alcuni suggerimenti pratici per orientarti nella giusta direzione:

1. **Specializzati in un mercato**: Comincia a operare in un mercato che ti appassiona. Studialo, impara a conoscerlo, analizzando i suoi movimenti e i suoi "capricci". Solo quando ti sentirai veramente a tuo agio con questo mercato, potrai passare a un altro. Non cercare di padroneggiare tutto subito. Inizia con uno, poi espandi gradualmente il tuo campo d'azione. Quando avrai esperienza in almeno cinque mercati, potrai considerarti un operatore esperto e versatile.
2. **Registra le tue operazioni**: Tieni un diario delle tue operazioni, che sia su carta o su un foglio elettronico. L'importante è che tu registri dettagli significativi di ogni operazione: livello di ingresso, uscita, motivazione che ti ha spinto a entrare nel mercato, pattern identificati e condizioni generali del grafico. Personalmente, uso screenshot inseriti in un documento Word, accompagnati da annotazioni che mi aiutano a riflettere sulle operazioni effettuate e a imparare dai miei errori e successi.
3. Un altro metodo efficace è l'uso di un **foglio Excel** dove annotare i dati principali.

Qualunque sia il formato, ciò che conta è la costanza nell'applicare questa pratica.

Scheda Operazione

Data Operazione	12/08/2019	
Prodotto	Nasdaq 100	
Margine		
Ingresso		
Massimo di ieri		
Minimo di ieri		
Chiusura di ieri		
Massimo scorsa settimana		
Minimo scorsa settimana		
Prezzo di chiusura scorsa settimana		
Trend 5 giorni		
Stocastico lettura H1	K - D-	
RSI lettura H1		
MA 3 periodi		
MA 9 periodi		
MA 18 periodi		
Supporto 1		Buy a
Resistenza 1		Sell a
Supporto 2		Buy a
Resistenza 2		Sell a

Note:

Questo diario d'investimento, che può essere un foglio di lavoro personalizzato, diventerà uno strumento fondamentale per la tua crescita. Ti costringerà a fare una riflessione attenta sul mercato ogni giorno e a creare una routine disciplinata. Non aspettarti che il foglio ti garantisca operazioni vincenti, ma certamente ti aiuterà a prepararti mentalmente e operativamente a un livello professionale.

3. **Analizza le tue operazioni**: Una volta che avrai accumulato dati su diverse operazioni, è fondamentale rivederli e riflettere sulle operazioni di successo. Studia i pattern che si sono ripetuti e cerca di replicarli in futuro. Rivedere anche le operazioni in perdita è essenziale per comprendere dove hai commesso errori. Questo ti aiuterà a migliorare, evitando di ripetere gli stessi sbagli.

Sii sempre centrato sul business, e solo così potrai produrre risultati concreti e duraturi.

Gestire il capitale con consapevolezza: La realtà dietro i numeri

Quando scrivi il tuo foglio di lavoro e studi i mercati che hai selezionato, è essenziale avere una comprensione concreta di ciò che puoi realmente ottenere con le risorse a tua disposizione. Una delle principali fonti di tensione per i neofiti analisti e operatori finanziari è la gestione del capitale. Spesso si tende a superare i limiti della propria disponibilità finanziaria, assumendo dimensioni di operazione che il proprio capitale non può sostenere serenamente e in modo equilibrato. Questo è uno degli errori più comuni e una delle cause principali di scoraggiamento e di perdita. E, al contrario, è proprio l'opposto di ciò che un analista di successo dovrebbe sviluppare.

Devi essere pratico e realista riguardo la quantità di capitale da depositare nel tuo conto e su quello che potrà produrre, considerando i requisiti di margine necessari. La selezione dei mercati, inoltre, va fatta in modo ponderato, scegliendo quelli che realisticamente puoi gestire in relazione alla dimensione dell'operazione e al tipo di volatilità che comportano. Se, ad esempio, il saldo iniziale del conto è di 5.000 euro, studiare o tracciare un grafico dei futures sull'indice Nasdaq 100, che richiede un margine di 20.000 euro, non è solo irrealistico, è una perdita di tempo.

Supponiamo che il saldo iniziale del conto sia di 10.000 euro e si desideri scambiare cinque contratti futures su un titolo con un margine iniziale di 2.000 euro per contratto. Ciò significherebbe che stai impegnando tutto il tuo capitale, 10.000 euro (2.000 x 5). In termini ancora più semplici, stai rischiando il 100% del tuo capitale in una singola operazione. Se il mercato si muovesse contro di te, anche di poco, potresti vedere un'immediata erosione del capitale.

Lo stesso principio vale per le operazioni in CFD. Una dimensione non adeguata rispetto al capitale potrebbe facilmente annullare l'intero deposito. Ecco che entra in gioco l'equilibrio. Bisogna seguire delle regole fondamentali per non rischiare inutilmente, ma soprattutto per proteggere il capitale e garantirsi la sopravvivenza a lungo termine nel mercato.

Quali sono queste regole? Alcuni broker suggeriscono di utilizzare solo il 50% del proprio capitale di investimento per ciascuna operazione, rischiando al massimo il 20% del capitale iniziale. Ad esempio, su un conto da 10.000 euro, ciò implicherebbe l'impiego di 5.000 euro per il margine e il rischio massimo di 2.000 euro per operazione. Questo approccio è molto più realistico rispetto a un'operazione che impegna l'intero capitale per una sola posizione.

Non bisogna mai "lanciare i dadi" e impegnare tutto il capitale in una singola operazione. Non è una scelta prudente per diversi buoni motivi, non ultimo quello che rischi di considerarla come un'unica possibilità di successo. Sebbene sia tecnicamente possibile farlo, bisogna essere consapevoli delle potenziali conseguenze: una singola perdita potrebbe azzerare l'intero capitale. È fondamentale capire questo aspetto e prendere una decisione consapevole prima di entrare in qualsiasi operazione.

Un buon money management è essenziale per il successo. Ma la consapevolezza di ciò che possiamo davvero permetterci è ancora più cruciale. Tutto si riduce a questo, e se siamo preparati ad affrontare le perdite come parte del gioco, saremo meno influenzati dalla paura che spesso ci porta a prendere decisioni impulsive. Essere consapevoli delle proprie risorse ti consente di operare in modo razionale, ben preparato, senza l'ansia di perdere ciò che non ci possiamo permettere.

Se, invece, non abbiamo questa consapevolezza, rischiamo di entrare in operazioni senza una visione chiara, motivati dalla paura di perdere o dal desiderio di guadagnare velocemente. Questo stato mentale ci impedirà di fare operazioni ben ponderate o, peggio, ci farà esitare e entrare nel mercato in ritardo, quando il movimento è già in corso, con il risultato di perdere clamorosamente. Essere consapevoli di ciò che stiamo facendo è il primo passo per ridurre i rischi e migliorare le nostre performance.

Perseveranza o talento?

Quanto conta il talento nei risultati che otteniamo? E quanto, invece, la fatica per ottenerli? Quante volte, nella vita di tutti i giorni, diciamo con leggerezza: "Eh, ma quello è un talento naturale!", oppure "Quello è puro ingegno"? A noi esseri umani piace dare un'etichetta al successo, spesso giustificandolo con la presenza di una dote innata. Una giustificazione che ci permette di rilassarci, di sentirci esenti da responsabilità, al riparo da confronti e sforzi.

In fondo, è più facile attribuire il successo al talento naturale o al genio che riconoscere la fatica e la perseveranza dietro a un risultato. D'altra parte, nessuno si ferma mai a riflettere su quanto, in realtà, sia stato arduo il cammino che ha portato a quel risultato. L'arte o il genio, ad esempio, sono visti solo per il loro prodotto finale, senza considerare il percorso intrapreso per arrivarci.

Eppure, dietro a questa comoda spiegazione c'è una realtà ben più complessa. Recenti studi psicologici hanno formulato una teoria che mette in relazione il successo a due elementi cruciali: il talento e lo sforzo.

Le equazioni che ne derivano sono semplici, ma illuminanti:
1. Talento x impegno (effort) = competenza (skill)
2. Competenza x impegno (effort) = raggiungimento del risultato (achievement)

L'elemento chiave in tutto questo è proprio la perseveranza, che entra sempre in gioco, in entrambe le equazioni. La vera differenza, quella che porta ai risultati concreti, è proprio la capacità di applicare sforzo e dedizione costante.

Il talento è importante, certo, ma la perseveranza – la testardaggine di continuare anche quando il successo sembra lontano – è ciò che determina la vera eccellenza. Questa costanza nel migliorarsi è essenziale non solo nello sport, ma anche nell'ambito dell'analisi e dell'operatività finanziaria. In quest'ultimo caso, la costanza diventa la chiave per ottenere performance superiori, giorno dopo giorno.

Lo conferma K. Anders Ericsson, professore di psicologia, nel suo libro *Numero uno si diventa*, quando si chiede: "Perché alcune persone sono così eccezionali nel loro lavoro?" Si riferisce agli individui che, in ogni campo, dallo sport alla medicina, dalle scienze agli affari, riescono a raggiungere livelli di prestazione che stupiscono. Eppure, spesso quando vediamo qualcuno così talentuoso, tendiamo a pensare che sia nato con qualcosa in più. Ma è davvero così?

Ericsson ha studiato per più di trent'anni le performance di esperti in vari campi, e i risultati sono chiari: nessun grande esperto ha mai raggiunto il suo livello senza un impegno costante. E, a volte, quando si analizzano le biografie di questi esperti, si scopre che all'inizio non erano certo dei prodigi. Pensate agli studi condotti negli anni '90 all'Accademia Musicale di Berlino: i violinisti più talentuosi avevano accumulato almeno 10.000 ore di pratica, contro le 8.000 dei secondi e le 4.000 dei meno bravi.

È nata così la "teoria delle 10.000 ore", che suggerisce che dopo tale soglia, si può raggiungere l'eccellenza. Ma Ericsson ha precisato che non basta fare pratica: ci vuole un metodo preciso, una "pratica deliberata", che implica una continua auto-valutazione e il costante desiderio di migliorarsi. Questo è il cuore della perseveranza: fare e rifare, senza fermarsi mai.

La perseveranza è fatta di micro-gesti quotidiani, ripetuti con costanza. È la somma di tutti quei piccoli passi, che, giorno dopo giorno, portano a risultati straordinari. E sebbene il talento possa giocare un ruolo, è la determinazione, la voglia di lottare, a fare la vera differenza.

Se dovessi fare un esempio cinematografico, non posso fare a meno di pensare a Rocky Balboa. La sua storia è una di quelle che va ben oltre il grande schermo, una lezione di vita che trascende la saga del pugile italo-americano. Rocky non è solo il simbolo di un riscatto sociale, ma anche dell'idea che, con perseveranza e fiducia in se stessi, è possibile superare ogni ostacolo. Nonostante i pugni, le cadute e le sconfitte, non mollava mai. Era sempre lì, determinato, con la sua visione del traguardo.

In effetti, è proprio questa perseveranza, questa volontà di non arrendersi mai, che permette a Rocky di arrivare alla finale e conquistare il titolo di campione. Un insegnamento che, ancora oggi, è applicabile a chiunque voglia raggiungere un obiettivo, grande o piccolo che sia.

L'algoritmo del genio, quindi, è composto da una sequenza di piccoli sacrifici, da centimetri conquistati giorno dopo giorno. La vera domanda è: siamo disposti a fare quei centimetri? E come dice Al Pacino in *Ogni maledetta domenica*: "Quando andiamo a sommare tutti quei centimetri, il totale farà la differenza tra la vittoria e la sconfitta."

Il Mercato ha Sempre Ragione

Una delle regole fondamentali da accettare quando si opera sui mercati finanziari è che il mercato ha sempre ragione. Non importa quante scuse o obiezioni possiamo sollevare, né quanto ci sentiamo convinti delle nostre analisi o intuizioni: alla fine, il mercato, con la sua collettività di operatori, avrà sempre l'ultima parola.

Le tue convinzioni sul valore di un titolo possono essere ben fondate e razionali, ma se il mercato non le condivide, poco importa quanto tu possa essere convinto della tua visione. I prezzi seguiranno sempre la forza dominante, che sia dalla parte degli acquirenti o dei venditori. Le tue aspettative personali o convinzioni non hanno peso, a meno che tu non abbia la capacità di esercitare un volume tale da influenzare la direzione dei prezzi.

Per farlo, occorrerebbe avere una potenza di acquisto o di vendita sufficiente da sopraffare la concorrenza, mantenendo allo stesso tempo la capacità finanziaria di dirigere i prezzi in una direzione specifica. Tuttavia, questo scenario riguarda solo i pochi che dispongono di risorse enormi, mentre per la maggior parte degli operatori, il mercato continuerà ad andare per la propria strada, indipendentemente dalle loro analisi.

Il principio che guida ogni movimento dei mercati è che il prezzo di mercato di un'attività riflette tutte le informazioni disponibili e le aspettative collettive degli investitori in un dato momento. È questa la vera essenza del detto "il mercato ha sempre ragione". Ogni transazione, ogni movimento dei prezzi, racconta una storia di come gli operatori reagiscono a ciò che accade nel mercato. L'analisi del comportamento dei prezzi può rivelare molto sulla coerenza del mercato e sulle probabilità di un ulteriore movimento in una direzione specifica.

Il movimento dei prezzi, sia in rialzo che in ribasso, crea opportunità per comprare a un prezzo basso e vendere a uno più alto, o viceversa. Ma affinché si possa davvero approfittare di queste opportunità, è fondamentale essere in grado di prevedere quale direzione i prezzi seguiranno in futuro. Il prezzo non è altro che il risultato della forza collettiva esercitata dagli operatori, che determinano se il mercato sta accettando un determinato livello come "giusto" o se sta rifiutando quella percezione.

Ad esempio, se il prezzo scende sotto i minimi storici, ciò non ha importanza per te, a meno che tu non disponga di un volume sufficiente a riportare i prezzi sopra quel minimo. I prezzi scendono solo quando un numero sufficiente di operatori è convinto che il prezzo attuale sia troppo alto rispetto al valore reale, inducendoli a vendere. Quando il mercato continua a calare, significa che ci sono più venditori che acquirenti disposti ad acquistare a quel livello.

Nel mercato finanziario, il concetto di giusto e sbagliato non ha senso. In una società, credenziali accademiche, titoli di studio o reputazioni possono conferire un certo prestigio, ma sui mercati non hanno valore. Solo gli operatori che riescono a far valere le loro convinzioni attraverso le proprie azioni e i propri volumi di scambio influenzano il movimento dei prezzi. Il resto non conta. Il mercato non è interessato alla tua verità: l'unica verità che conta è quella espressa dalle azioni collettive di tutti gli operatori finanziari.

Le fluttuazioni dei prezzi generano continuamente opportunità di profitto, ma anche di perdita. Queste opportunità sono essenziali per chi si muove sui mercati finanziari. L'importante è capire quando l'operatività è basata su una reazione razionale alle condizioni del mercato, e quando invece stiamo agendo per un eccesso di convinzione o di arroganza intellettuale.

Ogni analista e operatore finanziario è costretto a confrontarsi con un mercato che, nella sua essenza, non è mai "sbagliato". La vera domanda da porsi è: cosa è più importante? Avere ragione, o fare soldi? Perché, troppo spesso, le due cose non coincidono. La difficoltà sta nel riconoscere quando è il caso di lasciare andare una posizione, accettare la realtà del mercato e non cercare di forzare la propria visione controvento.

La chiave per prosperare nei mercati finanziari non è convincere il mercato che ha torto, ma imparare a navigare e trarre vantaggio dal suo andamento, indipendentemente dalla tua opinione personale. Solo così, come analista o operatore, riuscirai a evitare il rischio di restare intrappolato in un loop di false certezze che ti impediscono di fare scelte razionali e profittevoli.

Toxic Positivity e Locus of Control

La psicologia gioca un ruolo fondamentale nell'operatività sui mercati finanziari. Comprendere come i fattori psicologici influenzano il comportamento degli operatori finanziari può migliorare notevolmente le strategie di investimento e i risultati complessivi. In questo capitolo, esploreremo due concetti psicologici rilevanti: la "toxic positivity" e il "locus of control", analizzando come influenzano le decisioni finanziarie e fornendo strategie concrete per gestirli efficacemente.

Toxic Positivity nell'operatività finanziaria
Definizione e Concetti Chiave

La *toxic positivity* è l'insistenza sull'adottare una visione positiva a tutti i costi, ignorando o minimizzando le emozioni e le esperienze negative. Questo atteggiamento può sembrare benefico, ma nel contesto della finanza e degli investimenti, diventa rischioso. Nell'operatività finanziaria, si traduce in un ottimismo irrealistico che può far trascurare segnali di avvertimento importanti e impedire di riconoscere le perdite o i cambiamenti del mercato.

Implicazioni della Toxic Positivity nell'operatività finanziaria

La *toxic positivity* può manifestarsi in vari modi, influenzando direttamente le decisioni finanziarie:

- **Negazione del Rischio**: Gli operatori finanziari influenzati da questo fenomeno tendono a sottovalutare i rischi legati a determinate operazioni, mantenendo posizioni perdenti troppo a lungo nella speranza che il mercato si riprenda.
- **Overtrading**: L'eccessivo ottimismo può portare a operazioni eccessive e rischiose, con investimenti inconsapevoli in titoli o asset che non rispecchiano le condizioni di mercato reali.
- **Erosione del Capitale**: Ignorare le perdite e continuare a investire in posizioni sfavorevoli può portare a una significativa erosione del capitale, compromettendo la capacità di

continuare a operare con successo sui mercati finanziari.

Strategie per Gestire la Toxic Positivity
Affrontare la *toxic positivity* è essenziale per proteggere il proprio capitale e migliorare la propria operatività sui mercati:

- **Accettazione delle Perdite**: Riconoscere che le perdite fanno parte del trading. Creare una strategia per gestirle, come l'uso degli stop-loss o la valutazione periodica delle operazioni, è fondamentale per evitare decisioni impulsive.

- **Feedback Costruttivo e Autocritica**: Cercare attivamente feedback critico, da colleghi o mentori, e imparare dagli errori. Evitare di cercare solo conferme positive che possano distorcere la percezione della realtà.

- **Realismo e Pianificazione**: Stabilire obiettivi realistici e creare un piano d'azione che tenga conto sia dei successi che delle difficoltà. Non solo l'analisi dei profitti, ma anche una preparazione accurata per affrontare le perdite è cruciale.

Locus of Control nell'operatività finanziaria
Definizione e Concetti Chiave

Il *locus of control* riguarda la percezione di una persona su dove risieda il controllo sugli eventi che influenzano la propria vita. Questo concetto si suddivide in due categorie: un locus di controllo interno, in cui una persona crede che gli eventi siano il risultato delle proprie azioni e decisioni; e un locus di controllo esterno, in cui si attribuiscono gli eventi a fattori esterni come la fortuna, il mercato o altre circostanze.

Implicazioni del Locus of Control nell'operatività finanziaria

Il locus of control ha un impatto significativo sulle decisioni di operatività finanziaria, influenzando l'approccio del trader o dell'operatore finanziario nel gestire il rischio:

- **Locus of Control Interno**: Gli operatori finanziari con un locus di controllo interno tendono ad essere più proattivi, investendo tempo e risorse per sviluppare continuamente le proprie competenze. Tendono a prendersi la responsabilità delle proprie decisioni di operatività finanziaria, considerando il successo e il fallimento come frutto delle loro azioni.

- **Locus of Control Esterno**: Gli operatori finanziari con un locus di controllo esterno possono percepire il mercato come imprevedibile o addirittura ingiusto, attribuendo le perdite a eventi fuori dal loro controllo. Questo atteggiamento può portare a un'incapacità di migliorare le proprie competenze e a una gestione inadeguata del rischio.

Strategie per Sviluppare un Locus of Control Interno

Per migliorare l'operatività sui mercati finanziari, sviluppare un locus di controllo interno è essenziale. Ecco alcune strategie pratiche:

- **Formazione Continua**: Investire in educazione e formazione per migliorare le proprie abilità di operatività finanziaria. La conoscenza approfondita dei mercati e delle strategie di investimento permette di prendere decisioni più consapevoli e di esercitare un controllo maggiore sulle operazioni.

- **Auto-riflessione e Analisi**: Analizzare regolarmente le proprie operazioni, esaminando cosa ha funzionato e cosa no. Questo aiuta a comprendere meglio le dinamiche che influenzano i risultati, assumendosi la responsabilità delle proprie scelte.
- **Pianificazione e Disciplina**: Creare e seguire un piano di operatività finanziaria rigoroso. Definire le proprie strategie di gestione del rischio e stabilire obiettivi chiari aiuta a mantenere il controllo delle proprie operazioni, riducendo l'influenza di fattori esterni.

Integrazione di Toxic Positivity e Locus of Control nell'operatività finanziaria
Sinergia dei Concetti

Trovare un equilibrio tra un atteggiamento positivo e un realismo critico è essenziale per evitare gli errori derivanti dalla *toxic positivity*. Mantenere una visione equilibrata, che consenta di imparare dai propri errori e adattarsi alle circostanze di mercato, favorisce un locus di controllo interno, migliorando così l'approccio psicologico alle operazioni finanziarie.

Applicazioni Pratiche

Per gestire al meglio la psicologia dell'operatività finanziaria, è utile applicare concetti e strategie che favoriscano la crescita e il miglioramento continuo:

- **Mentalità di Crescita**: Adottare una mentalità orientata alla crescita, che considera ogni esperienza come un'opportunità di apprendimento. Affrontare le difficoltà con resilienza e apertura mentale può favorire il miglioramento costante.
- **Supporto e Mentoring**: Cercare il supporto di mentori o coach che possano fornire feedback equilibrati e aiutare a sviluppare una prospettiva sana e realistica sull'operatività finanziaria. I mentori possono essere una risorsa preziosa per evitare la *toxic positivity* e sviluppare un locus di controllo interno.

- **Monitoraggio Emotivo**: È importante tenere traccia delle proprie emozioni durante le operazioni. Utilizzare tecniche di gestione dello stress e praticare la mindfulness possono migliorare la lucidità mentale, riducendo l'influenza delle emozioni sui risultati.

Comprendere e gestire la *toxic positivity* e il *locus of control* può avere un impatto decisivo sulla performance di un operatore finanziario. Chi riesce a mantenere un atteggiamento equilibrato e realista è più preparato ad affrontare le sfide del mercato, navigando con maggiore consapevolezza tra rischi e opportunità. La gestione consapevole di questi aspetti psicologici, unita a una pianificazione accurata, è fondamentale per ottenere successi duraturi nel mondo degli investimenti.

Case Study: Successi e Fallimenti nell'Operatività

Imparare dai successi e dai fallimenti altrui è uno dei modi più efficaci per migliorare nel mondo dei mercati finanziari. Spesso, gli esempi di grandi vittorie e sconfitte possono rivelarsi lezioni decisive per chi si approccia all'operatività finanziaria. In questo capitolo, esploreremo due casi emblematici, che testimoniano l'importanza di avere una mente lucida, un approccio disciplinato e la capacità di comprendere le dinamiche psicologiche che muovono il mercato.

George Soros e la sterlina inglese: L'arte di cogliere il panico collettivo

Il primo esempio che prendiamo in considerazione è quello di **George Soros**, uno dei più grandi investitori e speculatori della storia recente. La sua scommessa vincente contro la sterlina inglese nel 1992 rappresenta una lezione inestimabile sul potere delle percezioni collettive e sulle dinamiche psicologiche dei mercati. Soros intuì con grande lucidità che la Gran Bretagna stava affrontando una pressione insostenibile, causata dalla sua appartenenza allo SME (Sistema Monetario Europeo) e dal tentativo di mantenere il valore della sterlina dentro i margini imposti dalla banda di oscillazione.

Con un'intuizione straordinaria, Soros comprese che, sebbene il governo britannico tentasse con ogni mezzo di mantenere il valore della sua moneta, la speculazione da parte degli operatori finanziari avrebbe generato un "effetto panico", innescando una svalutazione irreversibile. Egli non solo riuscì a prevedere la crisi, ma ne approfittò con una posizione ribassista da circa **10 miliardi di dollari**. Il risultato fu un guadagno straordinario di oltre **1 miliardo di dollari in un solo giorno**.

Questa operazione dimostra l'importanza di saper leggere le emozioni collettive degli investitori e, ancor di più, di cogliere quei momenti in cui la psicologia del mercato gioca un ruolo predominante. Soros non si limitò a guardare i numeri: percepì il timore che si stava diffondendo tra gli investitori, una paura che poi avrebbe travolto anche il governo britannico. Il successo di Soros fu frutto di una comprensione profonda della psicologia collettiva e della capacità di entrare in sintonia con le dinamiche che avrebbero poi determinato l'andamento del mercato.

Il crollo di LTCM: Quando l'arroganza degli esperti genera il fallimento

Il caso del **Long-Term Capital Management (LTCM)** offre una lezione altrettanto significativa, ma di segno opposto. LTCM fu fondato nel 1994 da una squadra di esperti con un curriculum invidiabile: tra questi figuravano due premi Nobel per l'economia, Robert Merton e Myron Scholes. Questi straordinari economisti, assieme a una serie di trader e matematici di fama mondiale, progettavano modelli finanziari altamente sofisticati che avrebbero dovuto permettere al fondo di ottenere rendimenti stabili e sicuri, minimizzando il rischio. Il loro approccio si basava sull'idea che i mercati finanziari fossero razionali e che i prezzi seguissero schemi prevedibili.

Il problema, tuttavia, nacque quando il fondo cominciò a fare assunzioni troppo ottimistiche, ignorando i rischi sistemici. L'arroganza di un gruppo di esperti che si considerava infallibile finì per condurre LTCM alla rovina. Il fondo operava su leva finanziaria molto alta, scommettendo su differenziali di tassi di interesse e altri strumenti derivati, convinto che le probabilità di fallimento fossero minime. Ma nel 1998, durante la crisi russa, il mercato subì un'improvvisa turbolenza. Le condizioni globali cambiarono repentinamente e le previsioni su cui si basava il fondo vennero messe in crisi. La liquidità delle posizioni assunte si rivelò insufficiente e il fondo non riuscì a far fronte alle perdite.

La lezione che emerge dal fallimento di LTCM è fondamentale: **la fiducia eccessiva nelle proprie capacità e l'assenza di gestione del rischio** possono essere fatali. Anche se LTCM disponeva di un'intelligenza straordinaria e di una vasta esperienza, non riuscì a riconoscere i limiti del suo modello e la possibilità che eventi imprevisti, come la crisi russa, potessero compromettere l'intero sistema. La psicologia del rischio e della ricompensa, in questo caso, venne travolta da un errore di valutazione riguardo alla realtà dei rischi sistemici. Gli esperti di

LTCM non seppero mantenere un giusto equilibrio tra il desiderio di ricompensa e la consapevolezza del rischio. La loro sfida fu, in definitiva, quella di non riconoscere l'importanza di **adattarsi ai cambiamenti del mercato** e di mantenere un approccio prudente di fronte alle incertezze.

Insegnamenti da applicare

I casi di **Soros** e di **LTCM** ci insegnano che l'operatività finanziaria non è una questione di pura logica e competenza tecnica, ma un equilibrio costante tra razionalità ed emozione. Il **successo** nel mondo dei mercati richiede la capacità di leggere le dinamiche psicologiche che animano gli investitori, saper cogliere segnali di panico o di euforia collettiva e agire con precisione. **Il fallimento**, d'altra parte, spesso nasce da una fiducia eccessiva nei propri modelli teorici, da una sottovalutazione del rischio sistemico o, come nel caso di LTCM, da un'incapacità di adattarsi alle circostanze mutevoli.

Le lezioni che possiamo trarre da questi casi sono chiare: l'approccio vincente non è mai quello che si affida a certezze assolute, ma quello che accetta il rischio, lo gestisce con cautela e mantiene un atteggiamento di umiltà e adattabilità. Solo così si può affrontare l'incertezza dei mercati con maggiore consapevolezza e, possibilmente, trarre profitto anche nei momenti di turbolenza.

La Procrastinazione: il lato oscuro della gestione del tempo

La procrastinazione è un comportamento che affligge molti di noi, in vari modi e con diverse intensità, influenzando non solo la vita quotidiana ma anche, e soprattutto, le nostre operazioni finanziarie. La tentazione di rimandare decisioni o azioni importanti è una sfida universale che spesso porta a risultati negativi, sia a livello personale che professionale. Ma cosa si nasconde dietro questa tendenza a rimandare? Come possiamo affrontarla, soprattutto quando le sue conseguenze impattano direttamente sui mercati finanziari?

Definizione e fenomeno universale

La procrastinazione è l'atto di rinviare compiti o attività importanti a favore di azioni più immediate o gratificanti. Questo fenomeno è universale e colpisce persone di tutte le età, professioni e contesti culturali, compresi gli operatori sui mercati finanziari. Nella pratica quotidiana, soprattutto nel contesto degli investimenti o nelle operazioni finanziarie, la procrastinazione si manifesta nel ritardare l'apertura di posizioni, nel rimandare l'analisi di un'opportunità di mercato o nel non attuare una strategia già pianificata per paura di fare il passo sbagliato.

Le cause

Le cause della procrastinazione sono molteplici e, seppur possano variare da persona a persona, alcune di esse sono universali. Ecco le principali che influenzano chi opera sui mercati:

1. **Mancanza di motivazione**: Quando non vediamo un legame immediato tra un'attività e il nostro obiettivo finale, la motivazione scarseggia. Ad esempio, un analista potrebbe procrastinare la revisione di un portafoglio, se non è convinto della necessità di apportare modifiche. In finanza, la procrastinazione nasce spesso da una bassa percezione di urgenza, che può portare a perdere opportunità importanti.

2. **Paura del fallimento**: La paura di sbagliare o di prendere decisioni errate è una delle principali cause di procrastinazione. Sui mercati finanziari, questo si traduce nel

rimandare decisioni di investimento o nel non entrare in una posizione a causa del timore di perdere denaro. Questo blocco psicologico può paralizzare anche i professionisti, impedendo loro di operare con la necessaria tempestività.

3. **Perfezionismo**: Il desiderio di fare tutto perfettamente può paradossalmente rallentare il processo. Un operatore finanziario potrebbe sentirsi sopraffatto dalla necessità di analizzare ogni singolo dato prima di compiere un'operazione, rimandando così l'azione e spesso perdendo l'opportunità. Il perfezionismo può essere un nemico invisibile che agisce nel momento in cui il tempo è un fattore cruciale.

4. **Distrazioni digitali**: Nell'era digitale, il flusso continuo di informazioni, notifiche e distrazioni (come i social media o le piattaforme di messaggistica) rappresentano una delle principali cause di procrastinazione. In un ambiente finanziario, queste distrazioni possono distogliere l'attenzione da una buona analisi di mercato, compromettendo così le operazioni.

5. **Mancanza di autocontrollo**: La procrastinazione è anche il risultato di una carenza di autocontrollo. Non riuscire a gestire il proprio tempo e a organizzarsi in modo efficiente è uno degli ostacoli principali nella vita di ogni operatore sui mercati. La capacità di restare concentrati su obiettivi a lungo termine, nonostante le sfide quotidiane, è fondamentale per chi vuole avere successo nei mercati finanziari.

Implicazioni e conseguenze

Le implicazioni della procrastinazione, se non affrontata, sono gravi. Rimandare continuamente decisioni importanti può causare danni concreti alla propria carriera, al proprio portafoglio o agli obiettivi finanziari. Ad esempio, il rimandare la chiusura di una posizione in perdita può amplificare la perdita stessa, e l'incapacità di reagire tempestivamente a una notizia di mercato può portare a una mancata opportunità di profitto. La procrastinazione porta a un accumulo di stress e ansia, dovuti all'incertezza che genera. Inoltre, è un'abitudine che alimenta il senso di inefficienza e frustrazione, minando la fiducia in sé.

Come affrontarla

Affrontare la procrastinazione è possibile, e la chiave risiede nell'applicare strategie pratiche per cambiare l'approccio mentale e operativo:

1. **Autoconsapevolezza**: Il primo passo per superare la procrastinazione è essere consapevoli di quando si sta procrastinando. Riconoscere i momenti in cui si è tentati di rimandare un'operazione sui mercati finanziari, come la mancata analisi di un asset, è essenziale per comprendere le dinamiche psicologiche che scatenano il comportamento. L'autoconsapevolezza è il primo passo per passare all'azione.

2. **Stabilire obiettivi chiari e misurabili**: Senza un obiettivo chiaro e un piano d'azione, è facile perdersi nel flusso delle attività quotidiane. Definire obiettivi concreti per ogni operazione finanziaria, stabilire delle scadenze e

monitorare i progressi ti aiuta a mantenere alta la motivazione e la concentrazione.

3. **Gestire le distrazioni**: Le distrazioni digitali sono una delle principali cause della procrastinazione. Creare un ambiente di lavoro privo di interruzioni e fissare orari precisi per le analisi di mercato, evitando di essere interrotti da notifiche o altri stimoli esterni, aiuta a rimanere concentrati e produttivi.

4. **Impostare scadenze realistiche**: Suddividere le operazioni finanziarie in attività più piccole e impostare scadenze realistiche permette di rendere più gestibile il lavoro, evitando il senso di sopraffazione che porta alla procrastinazione. Questo approccio aiuta anche a non farsi travolgere dalla complessità di analisi troppo articolate.

5. **Cercare supporto e confrontarsi con esperti**: Parlare della procrastinazione con un mentore, un collega o un altro analista può essere utile per superare il blocco mentale. Avere un sistema di accountability aiuta a mantenere il focus sugli obiettivi e ad evitare il rimando continuo.

La procrastinazione è un ostacolo comune, ma affrontabile. Sui mercati finanziari, la sua gestione è cruciale per non compromettere il successo e per ottimizzare ogni opportunità. Superare questo comportamento richiede determinazione, autoconsapevolezza e una strategia efficace. Prendere il controllo della procrastinazione significa guadagnare in produttività, affidabilità e, soprattutto, in risultati finanziari. Una gestione del tempo e delle decisioni più efficiente porta a un'operatività finanziaria più fluida e a un maggiore benessere professionale.

Realtà contro fantasia

Se un amico vi dicesse che è stato capace di laurearsi in cinque mesi, certamente, non ci credereste. Vi trovereste nella condizione di ribattere con fermezza dicendogli che ciò che afferma è pura fantasia.

Se un altro amico senza esperienza agricola vi dicesse che ha intenzione di mantenersi e mangiare cibo prodotto su un piccolo appezzamento di terreno adiacente casa sua, gli direste che presto morirebbe di fame e che nel giro di poco tempo si scontrerebbe con la realtà, a dispetto della sua fantasia.

In entrambi i casi, sareste in grado di discernere con sicurezza e stabilire ciò che è possibile da ciò che non ha alcuna base logica. Tuttavia, esiste un terreno in cui gli adulti lasciano volare le loro fantasie: il mondo dei mercati finanziari, la Borsa.

Molte persone immaginano di diventare analisti finanziari di successo nel giro di due giorni, tre o forse una settimana, e molte altre pensano di diventare ricche operando con un conto di duemila o cinquemila euro. Si rifiutano totalmente di capire che il loro piano di "coltivazione intensiva" è un passo che porta al suicidio.

Con un piccolo conto, nel loro disperato tentativo di avere successo, finirebbero per entrare al mercato con posizioni di grandi dimensioni e leva molto alta, cosicché il minimo movimento contrario del prezzo li porterebbe in bancarotta.

Un analista di successo è una persona realista, pratica e concreta. Conosce le sue capacità e i suoi limiti. Osserva cosa sta succedendo nei mercati e sa come reagire. Analizza i mercati senza risparmiare alcuno sforzo, osserva se stesso ed elabora piani operativi molto realistici. Un operatore finanziario professionista non può permettersi illusioni.

Quando il principiante subisce diversi crash e ha ricevuto diverse richieste di margine aggiuntivo, passa dall'essere fiero, "so tutto io", all'essere eternamente pauroso, sviluppando strane idee sui mercati finanziari.

Iniziano a comprare e vendere sulla base di intuizioni poco fondate, come un bambino che, senza riflettere, corre a nascondersi alla minima ombra, temendo qualcosa che non esiste. Tutto ciò accade perché l'ambiente non strutturato del mercato finanziario facilita lo sviluppo delle loro fantasie.

Le nostre fantasie influenzano il nostro comportamento, anche quando non ne siamo consapevoli. Operare sui mercati finanziari non è uno scherzo, ci vuole preparazione, molta pratica e soprattutto molta consapevolezza.

Dopo aver parlato con centinaia di persone, sento ancora favolose fantasie in materia. Il primo passo da fare per un operatore finanziario di successo è cercare d'identificare le sue fantasie e sbarazzarsene.

I perdenti affermano: "Ho perso perché non conosco i segreti del trading". Questa è un'altra fantasia, come se i trader di successo possedessero una sorta di conoscenza segreta e mistica. Ovviamente, questo pensiero aiuta a mantenere vivo il mercato dei servizi di consulenza e dei sistemi automatici già pronti.

Non basta, perché un aspirante analista demoralizzato, invece di studiare o di formarsi, tira fuori la sua carta di credito per acquistare il "libro dei segreti", inviando denaro a qualche ciarlatano. Quando non funzionerà, comincerà a comprare qualsiasi cosa, anche i "manuali stellari" che spiegano come vincere guardando la luna e le stelle. Faranno di tutto, tranne che le cose giuste.

Gli aspiranti e irriducibili perdenti non si rendono conto che l'operatività sui mercati finanziari è abbastanza semplice da un punto di vista intellettuale. È un'attività che non ha nulla di mistico; è abbastanza impegnativa, allo stesso modo di come costruire un ponte o processare un caso in tribunale. I buoni analisti sono anche molto astuti, pochi sono intellettuali. Conosciamo molti che non sono neanche andati ai famosi college, e altri che non hanno finito neanche le superiori, ma tutti hanno sempre approfondito le loro strategie operative.

Molte persone intelligenti e laboriose, che hanno avuto successo nella loro carriera, sono molto attratte dai mercati finanziari. Perché, però, falliscono così spesso? Ciò che fa la differenza non è la loro intelligenza o i segreti, e certamente neanche l'educazione ricevuta, ma l'applicazione e il perfezionamento sul campo.

Fermarsi per Crescere: l'arte di prendersi una pausa nell'operatività finanziaria

Qualunque sia la tua struttura emotiva, l'operatività finanziaria può rivelarsi un'esperienza emotivamente intensa, specialmente quando commetti errori e perdi denaro. Sembra banale, ma non lo è: l'operatore finanziario è sempre solo con se stesso e la propria capacità di agire in modo competente. Non c'è nulla di più umiliante e schiacciante che sentirsi sopraffatti dal mercato; l'analista non potrà mai dare la colpa a nessun altro. Se lo facesse, sarebbe un errore che minerebbe il suo percorso di crescita professionale.

Quando ti senti stressato, frustrato e insoddisfatto dei tuoi risultati, quando manca la fiducia nelle tue capacità, la cosa migliore da fare è fermarti immediatamente e concederti una pausa rigenerante. Potrebbe bastare una settimana, forse due, o anche di più. Prendersi una distanza dall'operatività finanziaria ti darà una nuova prospettiva e ti aiuterà a riorientare il tuo piano d'azione quando sarai pronto a tornare in campo. In certi periodi, diventa quasi un obbligo.

Per avere successo, devi essere preparato e in uno stato d'animo fiducioso. Pensa agli atleti: si allenano duramente per essere pronti, perché per competere devono mantenersi in forma. Non crederei mai che Sofia Goggia, una sciatrice che ha battuto il record di podi conquistati in una singola stagione, penserebbe di partecipare a una gara se avesse un muscolo della schiena o della gamba tirato. Di certo, si concederebbe il tempo necessario per guarire e tornare in pista.

Allo stesso modo, se sei emotivamente distrutto o la tua fiducia è calata, non sarai in condizioni ottimali per operare sui mercati. In uno stato mentale simile, gli errori sono dietro l'angolo.

Una delle principali regole nel mondo della finanza è la conservazione del capitale o la sua crescita. Non dimenticarlo mai. Se non ti trovi nel giusto stato d'animo o non hai fiducia nelle tue operazioni, è certo che aumenterai le probabilità di incorrere in perdite. Se hai subito una serie di sconfitte, prendersi del tempo per ripristinare la tua psiche è essenziale.

Utilizza il tempo libero per riflettere su come ti senti e come reagisci nelle situazioni di stress. Se ti accorgi di sbagliare troppo spesso, di non ottenere risultati redditizi o di avere la "sindrome del mangia come un uccello e caga come un elefante" (quando un operatore prende profitti minimi e lascia correre operazioni perdenti devastanti), fermati. È necessario prendersi una pausa, rigenerare la mente e rivedere le proprie operazioni. Solo così potrai identificare, con calma, i tuoi punti deboli nei momenti di stress.

La calma è un elemento essenziale nell'operatività finanziaria. La serenità e la lucidità sono fattori estremamente vincenti; devi coltivarli costantemente. Alcune posizioni e particolari condizioni di mercato possono generare forti scariche di adrenalina, simili a quelle che si provano in sport ad alto rischio. In quei momenti, è fondamentale mantenere la calma. La fretta è ciò che spinge alcune persone a prendere decisioni avventate.

Rivedi il tuo scopo professionale, riesamina e riprendi consapevolezza del perché ti trovi in questo campo di battaglia: per fare soldi e divertirti. Se ti lasci travolgere dalla fretta e dai rischi, perdendo soldi nel processo, cerca un aiuto professionale che possa offrirti una solida base psicologica, in grado di evitare errori che potrebbero minare il tuo percorso. Ricorda, solo tu puoi determinare la tua crescita e la direzione del tuo sviluppo professionale.

La Consapevolezza nell'operatività finanziaria

La consapevolezza è la condizione necessaria per percepire correttamente lo stato in cui ci troviamo. Essa ci permette di sganciarci da una dimensione di pensiero personale, aprendoci alla realtà tangibile che ci circonda: ciò che è veramente.

Ma cosa c'entra la consapevolezza con i mercati finanziari? La risposta è semplice. Il mestiere del trader impone, per sua stessa natura, una consapevolezza costante. Il trader di successo è un trader consapevole.

Si stima che la nostra mente produca circa 70.000 pensieri al giorno, e gran parte di questi sfugge alla nostra consapevolezza. I pensieri influenzano il nostro tono emotivo, e le emozioni, a loro volta, alimentano la spinta energetica e motivazionale che ci porta all'azione.

Agire, in qualsiasi campo – che sia nella professione, nello sport o nelle relazioni – contribuisce a costruire il nostro mondo, dentro e fuori di noi. Il nostro modo di agire aiuta a consolidare emozioni e atteggiamenti. Per questo è fondamentale prestare attenzione a ciò che pensiamo e, soprattutto, a ciò che facciamo. Se coltiviamo successi, penseremo al successo, ponendo le basi per un circolo virtuoso.

Immagino che ora stiate già pensando a come questi concetti possano essere applicati all'operatività sui mercati finanziari. La consapevolezza, in effetti, si fonda sull'osservazione e sull'ascolto, accogliente e non giudicante, di ciò che accade, momento per momento.

Il trader vive costantemente la necessità di percepire ciò che sta accadendo sui mercati. Deve "ascoltare" i grafici, le notizie e cogliere ogni dettaglio che può influenzare il suo ingresso nel mercato, senza lasciar sfuggire nessun particolare che possa compromettere il successo dell'operazione.

Quante volte ci siamo ritrovati a entrare nel mercato convinti di aver seguito tutti gli accorgimenti, solo per scoprire successivamente che avevamo dimenticato di verificare un dato importante sul calendario economico? E quante volte abbiamo giudicato un'operazione come vincente, per poi scoprire che non lo era affatto?

Cosa ci ha fatto sbagliare? Il fatto di non essere stati presenti nel "qui e ora", di aver dato per scontato qualcosa senza guardare la realtà con lucidità. In altre parole, non eravamo consapevoli. Questo è l'essenziale legame tra la consapevolezza e l'operatività di trading.

Tutto ciò contribuisce alle esperienze che viviamo, sia nella nostra professione che nella vita quotidiana. La priorità di un trader è imparare ad osservare con distacco e serenità ogni aspetto che accade sui mercati, accogliendo con attenzione ogni dettaglio.

Gli eventi e le circostanze possono essere modificati attivamente da noi, in parte o totalmente, ma sempre e comunque possiamo decidere come viverli. Pensieri ed emozioni, a differenza dei fatti concreti, sono soltanto pensieri ed emozioni. Ci attraversano continuamente, ma non sono sempre la verità. Abbiamo il potere, e la responsabilità, di decidere se dar loro seguito, se coltivarli o meno.

Un esempio concreto nella nostra attività è l'emozione che genera il "panic selling". In un contesto di panico, tutto il mondo vende lo stesso titolo, tutti vedono la stessa cosa, tutti hanno paura. Il panico contagia le menti, e ognuno si convince che vendere sia l'unica azione possibile. Tuttavia, in quel preciso momento, c'è qualcuno che compra, ma non riusciamo a vederlo. Perché? Perché siamo assorbiti dalla paura, senza distacco. Abbiamo permesso che le emozioni influenzassero le nostre percezioni.

Quando ci identifichiamo troppo con le emozioni e i pensieri del momento, rischiamo di perdere di vista la realtà. La nostra vita professionale – e spesso anche personale – può diventare pesante e confusa. Mantenere la condizione di spettatori attenti ma non giudicanti può fare la differenza. Evitare di giudicare può migliorarci nell'operatività, facendoci fare scelte più lucide e consapevoli.

Quando analizziamo un'operazione di mercato, partire da preconcetti o idee fisse è pericoloso, perché rischiamo di distorcere la nostra abilità di osservazione. È come se avessimo un filtro che seleziona solo certi stimoli, escludendo altri potenzialmente importanti. Allenarsi nell'autoconsapevolezza aiuta a individuare come i nostri schemi mentali, le conoscenze acquisite e i preconcetti influenzino il nostro modo di interpretare la realtà, e, volendo, a metterli in discussione e superarli.

La capacità di osservare il fluire delle emozioni e dei pensieri ci permette di comprendere meglio noi stessi, gli altri e il mondo che ci circonda. E nel contesto dei mercati finanziari, ci aiuta a capire meglio ciò che accade nella nostra operatività. Essa ci rende più sereni e concentrati, anche di fronte alle piccole e grandi avversità, accrescendo il nostro margine di libertà interiore e rendendoci più responsabili delle nostre azioni.

La consapevolezza non solo ci aiuta a conoscerci meglio, ma ci permette di capire meglio tutto ciò che ci circonda. In ambito professionale, ci rende leader più efficaci e ci aiuta a raggiungere il successo.

Guardando i nostri comportamenti, ci rendiamo conto che trascorriamo gran parte del tempo nella distrazione, nel non ascolto. Gli stimoli che provengono da noi stessi e dall'esterno sono così numerosi e incessanti che la nostra attenzione non riesce a comprenderli tutti, e ne filtra solo una piccola parte.

Questo meccanismo ha delle conseguenze sul nostro modo di pensare, provare emozioni, prendere decisioni e agire. Un trader è chi si allena a vivere nel presente, senza lasciare nulla al caso. Il suo livello di attenzione è sempre al massimo, neutrale e distaccato. Osserva, elabora e poi agisce.

Non esiste un metodo scientificamente comprovato per applicare la consapevolezza, ma esistono strategie che, se ripetute nel tempo, possono aiutarci a diventare più consapevoli e presenti nel momento. La meditazione, l'attenzione cosciente nel silenzio, è la regina di queste tecniche. Non significa annullarsi, anzi: si tratta di un ascolto accogliente, compassionevole e non giudicante del momento presente, con tutto ciò che accade, dentro e fuori di noi.

Si può praticare la consapevolezza durante le normali attività quotidiane: camminando, mangiando, cucinando, o anche svolgendo faccende domestiche. Un altro strumento utile è l'uso di un diario, dove annotare pensieri, emozioni e sensazioni legate al trading. Questo esercizio aiuta a entrare in contatto con le parti più profonde di noi stessi e a trovare soluzioni che prima non avremmo considerato.

Il confronto con gli altri, ascoltando diverse prospettive, è fondamentale. A volte, le nostre aree cieche possono essere illuminate solo tramite il dialogo e il confronto, che ci aiutano a vedere ciò che da soli non saremmo in grado di percepire.

I Mercati: Uno Specchio della Psicologia Collettiva

I mercati finanziari, lontani dall'essere mere entità razionali o strutture matematiche perfette, sono, in realtà, una riflessione diretta della psicologia collettiva degli investitori. Ogni oscillazione dei prezzi, ogni rialzo vertiginoso, ogni crollo improvviso non è il frutto di logiche fredde e analitiche, ma il risultato di una danza complessa, in cui si intrecciano emozioni primarie come speranza, paura, avidità e disperazione. L'andamento dei mercati non è altro che il riflesso di una psiche collettiva che oscilla tra l'euforia più sfrenata e la paura paralizzante.

Le bolle speculative: euforia e disillusione

Le bolle speculative rappresentano uno dei fenomeni più evidenti di come le emozioni possano travolgere la razionalità degli investitori. La famosa **Tulip Mania** del XVII secolo, in Olanda, è forse l'esempio più noto di irrazionalità collettiva: una follia collettiva che portò i prezzi dei tulipani a raggiungere valori esorbitanti, ben oltre ogni logica economica.

Psicologia applicata all'operatività finanziaria

Quando la bolla scoppiò, la disillusione fu totale, con milioni di investitori che persero enormi quantità di denaro.

Questo fenomeno, purtroppo, non è relegato solo ai libri di storia. Il **crollo delle dot-com** negli anni 2000 e la **crisi dei subprime** del 2008 sono altri esempi moderni di come il mercato possa essere guidato dalla speranza irrealistica di guadagni facili, per poi crollare quando le aspettative si scontrano con la dura realtà.

Le bolle speculative non sono semplicemente errori temporanei o fugaci esplosioni di mercato, ma riflettono il profondo desiderio umano di arricchirsi rapidamente e senza sforzo. Questo desiderio è alimentato dall'illusione che i prezzi possano salire indefinitamente, creando un circolo vizioso che spinge sempre più persone a entrare nel mercato, aumentando così il rischio di una correzione devastante quando l'inevitabile arriva.

L'effetto gregge e il contagio emotivo

Uno degli aspetti più affascinanti dei mercati finanziari è l'**effetto gregge**: la tendenza degli investitori a seguire la massa senza valutare criticamente la situazione. Se tutti comprano, sembra che sia la cosa giusta da fare. Ma cosa succede quando la massa si sposta in una direzione completamente opposta? L'effetto gregge è una manifestazione tangibile di come la paura e l'avidità possano prendere il sopravvento sulla razionalità individuale. Questa dinamica, che fa sì che milioni di persone prendano decisioni finanziarie in base a ciò che fa la maggioranza, è alimentata da un naturale istinto di appartenenza e dalla paura di essere lasciati indietro. Nessuno vuole essere l'unico a non partecipare a un'opportunità che sembra troppo buona per essere vera. Eppure, è proprio quando tutti si affrettano verso la stessa direzione che si tende a ignorare i segnali di pericolo imminente, creando una situazione di **contagio emotivo** che può accelerare i movimenti di mercato in modo incontrollabile.

L'esempio più recente può essere osservato nelle fasi di crescita irrazionale di criptovalute o azioni di piccole aziende, dove l'influenza dei social media, dei forum online e delle voci di corridoio contribuisce a alimentare il fenomeno. Gli investitori si muovono quasi come in uno stato ipnotico, senza fermarsi a riflettere sul valore reale di ciò che stanno acquistando.

Il ruolo dei media: amplificatori di emozioni

In un mondo sempre più interconnesso, il ruolo dei media è diventato cruciale nella formazione dell'opinione collettiva e nel modellare le emozioni degli investitori. Le notizie, sia positive che negative, hanno il potere di amplificare le emozioni e scatenare reazioni di massa. Un titolo sensazionalistico, un grafico che indica una forte crescita o una crisi improvvisa possono scatenare una reazione emotiva che si riflette immediatamente sui mercati.

Quante volte abbiamo visto un singolo tweet o un articolo clamoroso in prima pagina in grado di far oscillare i mercati in maniera ingiustificata? Questa volatilità amplificata è spesso il risultato di una reazione istintiva, in cui l'emotività prende il sopravvento sulla razionalità. È in momenti del genere che l'investitore si trova di fronte alla difficoltà di separare i fatti dalle sensazioni, di distinguere l'informazione utile dal rumore di fondo.

Il rischio, in queste situazioni, è che l'investitore si faccia trascinare da un'onda emozionale, senza considerare i fondamenti reali di un investimento. La chiave per evitare di cadere in queste trappole è l'**auto-consapevolezza**, ossia la capacità di riconoscere quando le emozioni stanno influenzando le proprie decisioni, per poi fare un passo indietro e riconsiderare la situazione con calma e razionalità.

La psicologia collettiva e l'equilibrio tra razionalità e emozione

I mercati finanziari sono, quindi, molto più di un semplice luogo dove avvengono transazioni: sono un campo di battaglia tra la razionalità individuale e le emozioni collettive. Ogni investitore, da solo, può essere influenzato da sensazioni di paura, speranza o avidità. Ma quando questi sentimenti si combinano a livello collettivo, possono spingere i mercati a comportarsi in modi che sembrano incomprensibili o addirittura paradossali.

Il vero successo non risiede nell'evitare le emozioni, ma nel **gestirle con consapevolezza**. Solo così possiamo evitare che la paura ci faccia vendere in un momento di panico e che l'avidità ci spinga a rischiare oltre il dovuto. Investire, quindi, non è solo una questione di numeri e analisi: è anche, e forse soprattutto, una questione di comprensione della propria psicologia e di quella degli altri.

Per questo motivo, capire come le emozioni influenzano i mercati e le nostre decisioni è essenziale per diventare investitori più consapevoli e preparati. Non si tratta di eliminare le emozioni, ma di imparare a riconoscerle e a gestirle nel contesto dell'operatività finanziaria. L'autocontrollo, l'intelligenza emotiva e la consapevolezza psicologica sono risorse indispensabili per navigare in un mondo dove il confine tra razionalità e irrazionalità è spesso sottile e difficile da individuare.

La Psicologia nell'Era degli Algoritmi e dell'Intelligenza Artificiale

Gli algoritmi stanno rivoluzionando i mercati, ma la psicologia umana rimane centrale. In un mondo sempre più automatizzato, le decisioni degli investitori non dipendono solo dalla pura analisi dei dati, ma anche da dinamiche emotive e cognitive che influenzano sia l'operatore che i sistemi stessi. La sfida è comprendere come la mente umana interagisce con la tecnologia e come, nonostante i progressi straordinari, l'emotività resti sempre un elemento fondamentale.

Psicologia e trading automatizzato

Anche con sistemi avanzati di trading automatizzato, la psicologia umana non sparisce. La progettazione e la gestione degli algoritmi dipendono infatti da chi li crea e li applica. Anche gli algoritmi più sofisticati sono frutto di decisioni prese da esseri umani, che inevitabilmente portano con sé dei bias cognitivi. Il modo in cui un algoritmo è strutturato, le variabili che vengono considerate e le logiche che determinano l'azione finale dipendono dalla visione del trader o del programmatore. Anche se gli algoritmi riducono in parte l'influenza delle emozioni, non sono immuni da errori di progettazione.

Quindi, mentre la tecnologia può aiutarci a prendere decisioni più rapide e precise, le scelte fondamentali che determinano l'efficacia di un sistema automatizzato restano umane. La psicologia dell'operatore si riflette nella creazione di un sistema che può sembrare completamente razionale, ma che spesso risente delle sue fondamenta emotive.

L'intuizione contro l'automazione

Gli algoritmi seguono regole rigide, ma l'intuizione umana ha ancora un ruolo chiave nelle decisioni di trading. Se da un lato l'automazione permette di analizzare una quantità incredibile di dati in tempo reale, dall'altro non è in grado di percepire eventi imprevedibili come un improvviso cambiamento geopolitico, un evento naturale disastroso, o una notizia che sconvolge la percezione collettiva.

Gli investitori esperti spesso riescono a leggere i segnali nascosti nei dati, a percepire un'ombra di rischio che sfugge ai calcoli algoritmici. Tuttavia, questa intuizione può essere influenzata negativamente dalle emozioni, e qui si gioca la sfida. Le emozioni come la paura, l'avidità o l'ego possono spingere anche l'investitore più esperto a ignorare le raccomandazioni degli algoritmi o, al contrario, a seguire ciecamente un sistema senza prendere in considerazione la variabilità del mercato.

Takeaway pratico: Quando si lavora con algoritmi, è fondamentale bilanciare l'analisi razionale automatica con l'intuizione umana, rimanendo consapevoli dei propri bias emotivi. Un buon trader sa quando fidarsi dei dati e quando è necessario prendere il passo del "rischio calcolato", senza abbandonarsi alla paura o alla cupidigia.

La psicologia dell'algoritmo: bias cognitivi nei sistemi automatizzati

Anche gli algoritmi, nonostante la loro apparente neutralità, possono essere influenzati da bias cognitivi. Sebbene i bias che influenzano un trader umano siano ben documentati (come il bias di conferma, l'ancoraggio, e l'effetto gregge), gli algoritmi non sono privi dei loro. Per esempio, gli algoritmi di machine learning possono imparare e ottimizzare i propri modelli in base ai dati storici, ma se questi dati sono parziali o errati, il sistema rischia di riprodurre le stesse distorsioni che un operatore umano potrebbe fare.

Un esempio di bias cognitivo nei sistemi automatizzati è il "bias di disponibilità": quando gli algoritmi si basano troppo su dati recenti o facilmente reperibili, trascurando informazioni più storiche o complesse, generando previsioni eccessivamente ottimistiche o pessimistiche. Inoltre, il "bias di eccesso di fiducia" può portare gli algoritmi a sovrastimare la loro capacità di previsione in condizioni di mercato particolarmente volatili.

Takeaway pratico: Gli algoritmi sono potenti, ma non infallibili. Riconoscere i loro limiti e non abbandonarsi alla "fiducia cieca" in una macchina è fondamentale. La supervisione umana è ancora necessaria per garantire che le decisioni automatizzate siano equilibrate e non cadano in errori dovuti a dati errati o interpretazioni distorte.

L'automazione non elimina l'emozione

Anche quando si opera con sistemi automatizzati, le emozioni giocano un ruolo chiave, sebbene in modo diverso rispetto al trading manuale. La paura di perdere, l'avidità di guadagnare, e il desiderio di controllo influenzano la maniera in cui si configurano e si gestiscono gli algoritmi.

L'errore più grande che può fare un investitore è credere che l'automazione elimini il rischio emotivo. Molti trader si sentono più sicuri quando delegano le proprie decisioni a un sistema algoritmico, ma questa sicurezza è spesso illusoria. I trader potrebbero non rendersi conto che la psicologia è ancora alla base delle scelte fatte durante la progettazione del sistema o della sua configurazione. Così, mentre l'automazione aiuta a ridurre i margini di errore, non risolve completamente la psicologia umana.

Takeaway pratico: L'automazione non è una panacea. È necessario mantenere sempre un atteggiamento consapevole e vigilante, anche quando si delegano le decisioni a un algoritmo. Continuare a monitorare e comprendere i principi che guidano il sistema automatizzato è fondamentale per prevenire errori e cadute psicologiche.

La cultura del rischio nell'era digitale

Una delle sfide principali per gli investitori nell'era degli algoritmi è sviluppare una *cultura del rischio* che integri tanto la componente umana quanto quella automatica. I trader devono essere consapevoli del rischio che corrono ogni volta che si affacciano sui mercati, ma devono farlo con uno spirito critico, senza farsi sopraffare dalle emozioni del momento. L'automazione offre vantaggi in termini di velocità e precisione, ma il rischio di perdere il controllo emotivo è sempre dietro l'angolo.

Anche nel mondo dei robot e degli algoritmi, il rischio è una componente insostituibile. La consapevolezza emotiva, la gestione dei bias cognitivi e la comprensione del mercato sono competenze che non vanno mai dimenticate. Gli investitori che avranno successo saranno quelli che sapranno combinare la potenza dell'automazione con la forza della consapevolezza psicologica.

Takeaway pratico: La gestione del rischio deve essere una cultura condivisa e integrata, che vada oltre l'uso di strumenti automatizzati. Le migliori decisioni di investimento nascono dalla consapevolezza delle emozioni umane, dai limiti della tecnologia e dal continuo adattamento alle dinamiche del mercato.

La Psicologia del Rischio e della Ricompensa

Rischiare è inevitabile in finanza, ma il modo in cui percepiamo il rischio varia da persona a persona, influenzato dalla nostra mente più che dalla realtà oggettiva. Quella che consideriamo una minaccia potrebbe essere vista da altri come una semplice opportunità da sfruttare. Ogni decisione che prendiamo sui mercati non è il risultato di un'analisi puramente razionale, ma è filtrata attraverso un prisma emotivo che può condurci a scelte tanto brillanti quanto sbagliate. In fondo, la nostra capacità di affrontare il rischio è una variabile fondamentale che determina la nostra operatività finanziaria.

Sopravvalutare o sottovalutare il rischio

Molti investitori vedono il rischio come una minaccia ineluttabile, un male da evitare a tutti i costi. Altri, invece, lo percepiscono come un'opportunità da sfruttare, pronto a portare guadagni straordinari. Questa divergenza nella percezione del rischio spesso porta a decisioni diametralmente opposte, ma altrettanto problematiche. Quella che per un investitore è una perdita inaccettabile, per un altro potrebbe essere vista come una fase naturale del processo di investimento.

Ad esempio, supponiamo che un operatore finanziario decida di investire in un'azienda emergente, senza però aver considerato appieno i rischi legati alla sua volatilità. Un altro investitore, più prudente, potrebbe vedere lo stesso mercato come troppo rischioso e scegliere di non investire affatto. Il primo rischia di perdere una grande opportunità, il secondo di rimanere ai margini di un potenziale successo. Entrambi, però, potrebbero aver sottovalutato o sopravvalutato i rischi legati alla propria scelta, influenzati dalle emozioni anziché da un'analisi obiettiva.

Come evitare questi errori? Un buon approccio al rischio non deve essere né timido né temerario. È fondamentale sapere come misurare i rischi effettivi e accettarli con una strategia di gestione adeguata. Prima di ogni operazione finanziaria, è importante identificare e quantificare i rischi in modo chiaro, mettendo in atto tecniche di protezione come stop loss e limitando l'esposizione complessiva al mercato. Questi strumenti ti aiuteranno a rimanere ancorato alla realtà, evitando di prendere decisioni impulsive dettate dalla paura o dall'euforia.

Tolleranza al rischio

Ognuno ha un livello diverso di tolleranza al rischio. Riconoscere il proprio livello di comfort psicologico con il rischio è fondamentale per evitare decisioni impulsive. Questo è il primo passo per costruire un piano di investimento che rispecchi la propria psicologia, anziché seguire ciecamente la corrente di mercato.

La tolleranza al rischio non è solo una questione di numeri, ma di emozioni e capacità di affrontare la pressione. Un operatore che si sente sopraffatto dalla paura di perdere potrebbe ridurre la propria esposizione in modo esagerato, rinunciando a guadagni potenziali. Al contrario, un altro operatore, spinto dall'euforia, potrebbe esporsi troppo, ignorando le conseguenze di un possibile fallimento. La chiave, quindi, sta nell'autoconsapevolezza e nella capacità di costruire un piano che rispetti i propri limiti psicologici.

Un modo utile per testare la propria tolleranza al rischio è fare delle simulazioni, magari in un ambiente demo, dove si possono "vivere" le perdite senza rischiare denaro reale. Questo esercizio consente di allenare la propria mente a gestire il rischio in modo più razionale e distaccato.

Il dilemma del day trader

Uno dei dilemmi più comuni per chi si occupa di operatività sui mercati finanziari riguarda la gestione del tempo e la decisione di quando "tenere duro" e quando "uscire". La risposta a questa domanda dipende dalla capacità di bilanciare l'analisi razionale con l'intuizione, senza lasciarsi sopraffare dalle emozioni.

Molti day trader, infatti, si trovano in una continua lotta tra la paura di perdere un'opportunità e la necessità di proteggere il proprio capitale. Il rischio in questione non è solo finanziario, ma anche psicologico. È una sfida costante tra il bisogno di prendere decisioni rapide e la consapevolezza che un errore potrebbe essere costoso.

Per gestire questa situazione, è fondamentale avere una strategia chiara. Avere un piano che preveda il momento in cui uscire da una posizione, anche se il mercato sembra muoversi nella direzione opposta, è cruciale. Ogni operatore dovrebbe stabilire delle regole ferree per evitare di farsi influenzare troppo dalle emozioni del momento, che spesso spingono ad operare in modo compulsivo. Non sempre il mercato "tornerà indietro", e saperlo accettare è una parte importante del successo nell'operatività finanziaria.

Tecniche di gestione del rischio e della ricompensa

Un ulteriore passo fondamentale per sviluppare una buona psicologia dell'investitore è l'adozione di tecniche concrete per la gestione del rischio e della ricompensa. Oltre a tecniche come lo stop loss, che ti aiutano a limitare le perdite, è utile capire come bilanciare la relazione tra rischio e guadagno in ogni operazione. Questo significa, ad esempio, non rischiare più di una percentuale prestabilita del capitale su una singola operazione, e impostare obiettivi di guadagno realistici, proporzionati al rischio assunto.

Per molti investitori, il desiderio di ottenere rendimenti elevati in tempi brevi è la principale causa di decisioni impulsive. Questo comportamento è spesso legato alla psicologia del rischio, dove la paura di non fare abbastanza o di essere superati dal mercato porta a scelte avventate. Creare una mentalità di investimento che si concentri sulla coerenza a lungo termine, piuttosto che sulla ricerca di guadagni rapidi, ti aiuterà a prendere decisioni più razionali e meno influenzate dalle emozioni.

La psicologia del rischio e della ricompensa è al centro di ogni decisione finanziaria. Riconoscere la propria psicologia, saper misurare i rischi e mantenere un equilibrio tra razionalità e emozioni è fondamentale per prendere decisioni efficaci e consapevoli. Soprattutto, ricordati che il rischio fa parte del gioco: essere in grado di gestirlo e non lasciarsi travolgere dalle sue onde ti permetterà di raggiungere una maggiore stabilità, non solo finanziaria, ma anche psicologica.

Dalla Demo alla Realtà: gestire le emozioni nei mercati finanziari

Una domanda che molti aspiranti operatori finanziari pongono frequentemente è: "Perché i miei risultati sono eccellenti in demo rispetto a quando opero con denaro reale?" La risposta è semplice: la differenza sta nell'emotività.

La paura, il dubbio, l'autocompiacimento, l'avidità, l'ansia, l'eccitazione e il falso orgoglio possono influenzare pesantemente la tua operatività con denaro reale. Quando hai a che fare con capitale vero, la consapevolezza che puoi perderlo rende la situazione completamente diversa rispetto alla demo, dove perdere non ha conseguenze reali. Non è un concetto banale: dietro questa differenza si nasconde la gestione del nostro capitale emotivo, una componente fondamentale in questo settore.

Perdere rapidamente denaro è una sensazione difficile da digerire, che influisce in modo significativo sul nostro stato d'animo. Se non sei mentalmente preparato, è facilmente deprimente! In demo, sappiamo che i profitti sono fittizi e tendiamo a lasciarli andare senza rimorsi. Ma quando operiamo con denaro reale e vediamo un guadagno di €2.000 o €3.000, diventa difficile non guardare il saldo del conto e non chiudere la posizione in anticipo.

Immagina di guardare quella stessa posizione una settimana dopo e scoprire che avrebbe potuto fruttarti €20.000 o €30.000. Come reagiresti? Te lo dico io: probabilmente sbatteresti un pugno sul tavolo e diresti: "Avrei dovuto restare in posizione!" Questo errore è comune e nasce dall'incapacità di calibrare la propria emotività. Entra in gioco la sindrome del rimorso dell'acquirente, una sensazione che ci porta a fare scelte impulsive, alimentate dal rimpianto e dalla frustrazione.

È un po' come quando acquisti un prodotto e poi, per paura di non fare l'affare migliore, continui a rimandare l'acquisto, aspettando magari mesi per ottenere l'offerta più conveniente. Questo comportamento crea emozioni negative, che devi assolutamente evitare.

Molti operatori finanziari sono consapevoli di un principio fondamentale: "Ogni profitto è un buon profitto, non importa quanto piccolo sia." È difficile non guardare indietro e chiedersi cosa sarebbe potuto accadere, ma l'importante è rimanere positivi. Devi essere grato di aver operato nel mercato giusto e di aver guadagnato, anche se poco. Inoltre, dovresti sentirti sicuro e a tuo agio, sapendo che il tuo sistema, metodo o abilità ti daranno altre opportunità di successo. Il trading è sempre facile con il senno del poi, ma diventare un operatore maturo e professionale richiede uno sforzo ben più grande.

La paura, se non gestita, può portare alla paralisi, impedendoti di prendere decisioni. Le tre parole che devi sempre tenere a mente sono: "Nel dubbio, esci!" Prendi una decisione, non tergiversare. Non indugiare troppo quando sei in una brutta posizione di mercato, fai una mossa!

Quando il mercato si comporta in modo inaspettato, o quando i segnali che ricevi non sono chiari, è fondamentale riconsiderare la tua operazione. Riprendi il controllo della tua lucidità mentale. La calma, in finanza, è un'arma potente che ti aiuterà a mantenere il focus.

Un professionista, se non è sicuro dell'andamento del prezzo o di come si sta comportando il mercato, esce semplicemente dalla posizione. Al contrario, i meno esperti tendono a guardare, ad aspettare, sperando che le cose migliorino. L'operatore esperto sa che uscire è spesso la scelta migliore. Spesso, questo approccio ti salverà da ulteriori perdite e ti offrirà una seconda opportunità per rientrare nel mercato in condizioni migliori.

Per fare questo, però, devi essere sganciato dalla paura e dall'avidità. Se ti lasci dominare da questi due demoni, finirai per appartenere alla categoria degli operatori che cercano disperatamente di guadagnare velocemente. Questo è un profilo di personalità che porta quasi inevitabilmente a risultati negativi. Questi investitori non hanno disciplina, agiscono in base a voci generiche e non hanno una strategia solida o sicura. Navigano senza meta, saltando da un sito web all'altro in cerca della "mossa vincente". Il loro comportamento rimane costante, con ripetuti fallimenti.

Esiste un vecchio detto che recita: "Se vuoi un risultato diverso, devi cambiare il tuo atteggiamento." Come puoi aspettarti risultati diversi se continui a fare le stesse cose con lo stesso atteggiamento? Cambia, prova nuovi approcci, sperimenta, e osserva i risultati.

Ancora più problematici sono quegli operatori che non riescono nemmeno a seguire i propri metodi.

Sono i "filosofi" e gli "osservatori" dei grafici: quelli che fissano il mercato, analizzano incessantemente senza mai mettere in pratica le loro analisi. Hanno sempre un'opinione, si ritengono esperti, ma mancano di azione.

Questi operatori, sebbene a volte brillanti analisti, non riescono a tradurre le loro intuizioni in azioni concrete. Le loro risorse emotive li bloccano, impedendo loro di vivere l'emozione di un'operazione vincente. Rimangono intrappolati in una spirale di osservazione e discussione senza mai passare all'azione. Questo è un altro esempio di quanto sia cruciale la gestione delle emozioni.

Ci sono modi migliori per spendere il tuo tempo. L'operatività finanziaria richiede dedizione, impegno e tempo. Se decidi di investire il tuo tempo in un'attività o un progetto, devi essere pagato per questo.

Osa perdere per vincere!

Gli errori sono un'opportunità di crescita professionale, qualsiasi settore si frequenti. Il fallimento di un'impresa, o di una singola operazione, non deve essere vissuto come stigma sociale o, peggio, interiore. Questa è una cultura tutta italiana, una cultura in cui il fallimento è vissuto come un marchio indelebile e l'errore considerato uno stigma invalidante che non permette più la ripresa del progetto o il riaccendersi dell'entusiasmo per andare avanti.

L'errore, lo sbaglio, deve essere visto come un elemento che fa parte di un viaggio alla scoperta di sé, dei propri limiti e dei propri talenti. Oggi, dopo anni di studi, prove tecniche e fallimenti, penso che tutte quelle operazioni in negativo siano state i migliori elementi per la mia crescita professionale.

Molti mi chiedono come affrontare il tema dell'errore/fallimento o del cambiamento. I miei consigli sono volti sempre alla loro gestione. Insegno loro come gestirlo, in altre parole sperimentando per prove ed errore. Nell'ambito dell'operatività finanziaria, nulla è statico; chi lo pensa è un ingenuo o in malafede. Il mondo cambia molto velocemente e, già dopo qualche anno, gli elementi di analisi di oggi e le competenze diventano obsolete.

L'innovare e la creatività nelle analisi non sono più una scelta, sono una condizione necessaria per sopravvivere e restare sul mercato. È uno dei motivi per cui ho ritenuto fondamentale, per chiunque si confronti con noi, intraprendere un percorso di apprendimento sull'errore e sul fallimento. È un elemento importante che getta le basi concrete per essere più consapevoli delle proprie capacità e per confrontarsi su come prevenire quelli evitabili e trasformare in opportunità gli altri.

La lezione volge a far apprendere che l'errore è riflessione, opportunità, è perseveranza, è possibilità d'innovazione.

Nello specifico, facciamo emergere la percezione soggettiva dell'errore, analizzando gli errori e i bias cognitivi che appartengono a quel target specifico, lavorando sugli schemi mentali che influenzano il nostro modo di pensare e di agire. I mercati finanziari non sono romantici o onesti.

Raggiunta la consapevolezza dei propri errori, lavoriamo sulla costruzione di un percorso che porti al successo e al raggiungimento dei propri obiettivi. Non è un percorso facile, ci vuole volontà. All'inizio, all'allievo sembra tutto facile, ma così non è. Uno degli schemi mentali da abbattere è l'opinione che oggi hanno delle operazioni finanziarie molte persone. Sbagliata. Pensano che sia un gioco a tombola. Poi si piange.

L'operatività finanziaria è applicazione, studio e interpretazione; richiede la stessa intensità d'impegno del migliore corso di laurea. Quando ci approcciamo ai mercati finanziari, se non cambiamo mentalità con cui ci rapportiamo al fallimento, gli incentivi al successo saranno inutili. La mentalità ha la stessa importanza del metodo. Facciamo gli stessi errori, continuamente, perché non ci fermiamo ad analizzarli ponendoci le giuste domande.

Successo e fallimento sono due facce della stessa medaglia. La grandezza, diceva Confucio, non si raggiunge non fallendo mai, ma rialzandosi ogni volta che si cade.

La demonizzazione dell'errore

Forse uno degli sbagli più comuni che commettiamo è demonizzare l'errore. Non esiste nulla che sia esente da errore. In ogni ambito della vita, ci scontreremo sempre con l'errore: l'errore di non aver fatto bene, di non aver compreso un particolare, di aver pensato erroneamente che..., di non aver avuto l'umiltà di ammettere che avremmo potuto sbagliare, e così via.

C'è chi afferma che la perfezione sia una bella bugia a cui tendere, ma che non esiste. Anche la natura commette i suoi errori. Immagina ora gli errori nel trading finanziario: sono inevitabili, non tanto per la mancanza di capacità del trader, ma per la sua mancanza di esperienza.

Il trading, per le sue caratteristiche operative, comporta un cambiamento nei nostri pensieri e comportamenti. Accettare di dover cambiare alcuni dei nostri schemi, talvolta radicati, è difficile, ma diventa inevitabile se vogliamo vestirci da professionisti in questo settore.

In questo contesto, l'errore gioca un ruolo ambiguo, soprattutto per i neofiti. Sbagliare, in alcuni casi, può costare molto, soprattutto sui mercati finanziari. Ma seguire determinati passaggi di apprendimento e attenersi alle regole operative fondamentali può aiutarci a evitare errori grossolani. Non è che saremo esenti da errori, ma la reazione e l'estremizzazione che spesso attribuiamo all'errore stesso sfiorano l'esagerazione.

Per imparare, l'errore è indispensabile. "Chi evita l'errore elude la vita", affermava Carl Gustav Jung. Una verità che può sembrare banale, ma che ha il peso di una riflessione profonda. Una vita senza il rischio di sbagliare sarebbe una vita piatta, segnata dalla stagnazione delle idee, dall'annullamento del rischio. L'errore sano, quello che ci spinge verso nuove scoperte o una crescita autentica, è solo l'indicazione che ci stiamo muovendo. E quando sei in movimento, può anche capitare di inciampare (errore).

Proprio sull'inciampo si fa esperienza, imparando a riconoscere le caratteristiche del terreno che ci ha fatto cadere. L'inciampo, alla fine, ti aiuterà a ritrovare il cammino, forse più consapevolmente, sulla stessa strada dissestata.

Nel trading, uno degli errori più comuni è legato all'attivazione errata degli schemi mentali, con la conseguente applicazione caotica delle proprie tecniche operative. I grafici, i movimenti che vediamo nel mercato, non sono altro che il riflesso di uno schema mentale trasmesso in modo distorto, che induce l'investitore all'errore.

Un altro errore ricorrente nel trading è dovuto agli eventi esterni o all'intrusione di pensieri che minano la nostra concentrazione. L'errore nel trading ha una funzione importante che va oltre qualsiasi altra condizione, ed è legato alla composizione psichica dell'uomo. Deve essere accolto quando accade. Certo, ci metterà a disagio, ci farà arrabbiare, ma non serve esagerare, né tantomeno marchiarlo con il bollino dell'incapacità. Errare è una parte essenziale del processo di crescita dell'individuo.

Decidi o aspetti?

Il primo passo per migliorare i risultati della propria operatività sui mercati finanziari è l'autovalutazione. Esaminare le proprie azioni in modo onesto e approfondito è fondamentale. La dimensione psicologica è, infatti, la componente più cruciale nell'operatività finanziaria. È necessario fare un inventario delle proprie capacità, ma anche dei propri punti deboli: analizzare come reagiamo emotivamente di fronte alle varie situazioni di mercato.

Il problema, in fin dei conti, non è mai il grafico o il mercato in sé, ma come l'operatore finanziario risponde ai movimenti dei prezzi. È fondamentale chiedersi: come mi comporto? Sono aggressivo o esitante? Ho un approccio deciso quando entro nel mercato, o mi trovo a procrastinare? La paura e l'indecisione sono spesso i nemici più pericolosi.

Una frase che sento spesso dire da molti investitori e che, troppo spesso, porta a perdite o a mancate opportunità, è: *"Aspetta un attimo, ci penserò."* Questo pensiero, che sembra innocuo, può essere fatale. Ho sentito questa frase da professionisti ed amatori, da persone in ogni ambito, ma soprattutto dai trader.

Un operatore finanziario che ambisce a essere tale deve agire con determinazione. Deve essere pronto ad agire, senza farsi sopraffare dalla paura o dall'incertezza. Gli spasmi, le indecisioni alimentate dal dubbio, dalla paura o dall'avidità, non portano a risultati costanti e soddisfacenti. L'esitazione, infatti, è il peggior nemico dell'analista.

La strategia è semplice: pianifica l'operazione e poi agisci. Il contrario può risultare disastroso. Un trader che sa cosa sta facendo, identifica l'opportunità e si posiziona nell'area di ingresso che ha stabilito. Non si fa sopraffare dalle emozioni, non entra prima né dopo il momento giusto. Ogni operazione deve essere basata su un piano preciso, dove il rischio è definito a priori, in base alla propria tolleranza alle perdite o alla violazione di un livello tecnico di supporto.

Quando arriva il momento di piazzare un ordine, non si deve avere alcun dubbio. Se il pensiero "ci penserò" invade la tua mente, è il momento di fermarsi e chiedersi: perché? È una questione di fiducia nelle proprie capacità di analisi? È paura che l'operazione non vada a buon fine, o il timore di danneggiare la propria reputazione in caso di fallimento? Forse la paura più grande è quella di perdere soldi e subire un'umiliazione.

L'incertezza porta l'operatore a continuare a seguire il mercato, sperando che l'operazione prenda la direzione giusta. Ma se l'operazione avesse funzionato, quel "ci penserò" si trasformerebbe in "avrei dovuto farlo!" oppure "lo sapevo che sarebbe andata bene". E, nel peggiore dei casi, ci si ritrova a pensare: "Che stupido sono stato".

Chi si trova in questa situazione non solo perde un'opportunità, ma entra in conflitto con se stesso. Le emozioni di frustrazione e delusione crescono e, se non gestite correttamente, rischiano di compromettere ulteriormente la propria operatività. È in questi momenti che bisogna fermarsi, riflettere e ricordare le regole fondamentali.

Pianifica e agisci. È meglio correre un rischio e fallire, che non correre alcun rischio. Questa è la legge del mercato. Non tutte le operazioni saranno vincenti, e lo sappiamo bene. Per questo motivo, è fondamentale usare solo il capitale di rischio.

Un altro esempio che può chiarire meglio questo concetto riguarda una situazione che tutti i trader conoscono bene. Immagina di essere nel bel mezzo di un'operazione con un profitto, piccolo o grande che sia. Chi lavora sui mercati sa che le condizioni possono cambiare all'improvviso: oscillazioni dovute a fattori tecnici o eventi fondamentali possono influenzare rapidamente i prezzi.

Improvvisamente, l'analista sa che l'operazione non funziona più, che è il momento di chiuderla. Ma arriva di nuovo il pensiero: "ci penserò". A questo punto, il profitto si riduce fino a diventare nullo, o addirittura si trasforma in una perdita sostanziale.

Il trading non riguarda solo l'entrata nel mercato, ma anche e soprattutto l'uscita. Saper quando chiudere una posizione è fondamentale. La gestione dei rischi non si limita a ciò che si è disposti a perdere, ma include anche come si gestiscono i profitti una volta che l'operazione è in corso.

Un profitto non è tale finché non viene realizzato. Prima, è solo un profitto potenziale, che potrebbe evaporare in qualsiasi momento. Le emozioni come l'avidità o la voglia di vincere possono trattenerti nel mercato più a lungo del necessario. In questi casi, il tempismo è fondamentale.

Il tempismo perfetto è ciò che distingue un trader di successo. Studia i tuoi momenti di entrata e uscita, pianifica ogni mossa con attenzione e segui il piano. Se qualcosa non va come previsto, esamina i fattori e impara dall'esperienza. Le perdite fanno parte del processo, ma non devi permettere che si trasformino in disastri. Ogni perdita deve essere vista come un'opportunità per migliorare. Ridurre al minimo le perdite e analizzarle è un passo fondamentale per evolvere nel lungo termine.

Jesse Livermore, uno dei trader più celebri e anche più temerari, ci insegna una lezione importante sulla gestione del denaro: *"Se perdi tutto, sei fuori dal gioco."* La lezione è chiara: non si deve mai rischiare tutto in un colpo solo. La chiave del successo sta nella gestione del rischio, così come nella capacità di prendere profitti quando se ne ha l'opportunità. Il mercato può essere generoso, ma è più probabile che cerchi di portare via ciò che dà.

Capire le proprie emozioni

Paura, dubbio e avidità: tre emozioni che possono ostacolare in modo significativo il successo nella tua operatività finanziaria. Ogni investitore dovrebbe analizzare con attenzione la propria composizione emotiva e le risorse disponibili, prima di intraprendere qualsiasi operazione sui mercati. Sebbene siano stati scritti numerosi libri sull'argomento, le conclusioni sono, per lo più, una questione di autoanalisi e dipendono dalle caratteristiche individuali di ogni analista.

La **paura di perdere** può portare gli operatori finanziari a prendere decisioni affrettate o sbagliate. Il **dubbio** è altrettanto insidioso: può indurre a incertezze che paralizzano, impedendo di agire tempestivamente. L'**avidità**, poi, può spingere alcuni a mantenere posizioni troppo a lungo, nella speranza di guadagni sempre più alti, senza considerare i rischi che si corrono. Le posizioni, inizialmente in profitto, possono infatti tornare a livelli di pareggio o addirittura di perdita, il tutto alimentato dalla speranza di una performance migliore.

Molti operatori, spinti dall'avidità, inseguono il "Big Kahuna" (il grosso pesce che deve abboccare) o la "Mother Lode" (il filone madre delle miniere d'oro), senza rendersi conto che spesso è più saggio raccogliere piccole vittorie con frequenza, piuttosto che inseguire il colpo del secolo. Non è un pensiero che tutti gli operatori sono disposti a prendere in considerazione, ma qualcuno ha saggiamente osservato che: "Meglio avere un milione di operazioni redditizie piuttosto che un'operazione che faccia un milione".

In queste parole, le emozioni rivestono un ruolo fondamentale. **Comprendere le tue emozioni** è un compito che va affrontato con cura e continuità. L'operatività sui mercati può infatti provocare un aumento della frequenza cardiaca e della pressione sanguigna. È cruciale che tu sia fisicamente in grado di gestire le richieste psicologiche ed emotive che queste operazioni comportano, senza tralasciare alcun aspetto.

Monitorare il proprio comportamento in condizioni di stress è essenziale. Poni attenzione alle tue azioni e reazioni durante momenti di alta tensione, ad esempio quando sbagli, quando ti blocchi e non sai come proseguire, quando senti quella "scarica di adrenalina" o quando le emozioni ti portano a scelte impulsive. Il nervosismo, l'irritabilità, il panico o la paura possono compromettere gravemente il risultato delle tue operazioni. Imparare a riconoscere queste sensazioni è il primo passo per tenere sotto controllo le emozioni e, di conseguenza, il successo delle tue operazioni.

La mancanza di fiducia nelle proprie capacità e la paura possono essere i peggiori nemici di un operatore finanziario. È fondamentale evitare di metterti in situazioni in cui ti senti scettico, indeciso o spaventato prima di entrare al mercato. Se non ti senti pronto, è meglio fare un passo indietro piuttosto che rischiare una perdita dettata dall'incertezza.

Inoltre, è essenziale non operare durante periodi di turbolenza emotiva personale. Eventi come l'acquisto o la vendita di una casa, un trasloco, malattie, cambiamenti di carriera, rotture sentimentali, lutti o altre situazioni simili devono essere evitati come contesto per qualsiasi operazione. Se non te ne rendi conto subito, sarà il mercato a mostrarti quanto dannosa possa essere questa disattenzione emotiva.

Prenditi il tempo necessario per riflettere, concentrati su te stesso prima di lanciarti in una transazione.

Prendere decisioni consapevoli è fondamentale. Assicurati di avere il tempo e la lucidità necessari per analizzare a fondo ogni operazione prima di agire sui mercati. In questo modo, sarai pronto ad affrontare le sfide e a prendere decisioni con maggiore sicurezza e consapevolezza.

Cosa significa realmente prendere una decisione nei mercati finanziari

Prendere decisioni finanziarie non è mai un atto semplice, ma piuttosto una scelta ponderata che ha un impatto significativo sulla salute finanziaria personale o aziendale. Ogni decisione implica il confronto tra diverse opzioni di investimento o strategie di gestione del capitale, tutte finalizzate a raggiungere determinati obiettivi economici. La difficoltà risiede nel fatto che queste scelte sono influenzate da una serie di fattori complessi, che spaziano dall'analisi dei dati di mercato alla gestione del rischio, senza dimenticare la necessità di comprendere le proprie emozioni e bias cognitivi. In un contesto come quello dei mercati finanziari, dove incertezze e variabili esterne sono sempre in gioco, la qualità delle decisioni può fare la differenza tra il successo e il fallimento.

Il Processo Decisionale

Il processo decisionale in ambito finanziario non è mai lineare, ma si sviluppa attraverso diverse fasi, ciascuna essenziale per arrivare a una scelta consapevole e strategica.

- **Identificazione del problema**: Il primo passo consiste nel riconoscere la necessità di una decisione. Un esempio pratico può essere rappresentato da un investitore che, dopo un periodo di forte volatilità dei mercati, si rende conto di dover diversificare il suo portafoglio per ridurre l'esposizione ai rischi. Questo momento di consapevolezza è fondamentale perché determina l'orientamento del processo decisionale.
- **Raccolta delle informazioni**: Una volta identificato il problema, è essenziale raccogliere tutte le informazioni utili. Questa fase implica un'analisi accurata di dati come i bilanci societari, le previsioni economiche, e le valutazioni di esperti. Un operatore finanziario, ad esempio, potrà decidere di integrare analisi tecnica e fondamentale per valutare se acquistare un titolo sottovalutato o se attendere un ulteriore calo dei prezzi.
- **Valutazione delle alternative**: In questa fase, l'analista considera tutte le opzioni disponibili, pesando i potenziali rischi e benefici. A questo punto, l'investitore valuta se diversificare tra

azioni, obbligazioni, fondi o immobili, tenendo conto della sua tolleranza al rischio e degli obiettivi di rendimento.

- **Scelta**: Dopo aver ponderato le alternative, arriva il momento della scelta. Ad esempio, un investitore potrebbe decidere di aumentare l'esposizione verso asset più sicuri, come i titoli di stato, per ridurre il rischio complessivo del portafoglio, oppure preferire titoli azionari ad alto potenziale di crescita, se la sua strategia è più aggressiva.
- **Azione**: Questa è la fase in cui la decisione diventa concreta: acquisto o vendita di un titolo, ribilanciamento del portafoglio, investimento in una nuova asset class. È il momento operativo, quello in cui la strategia diventa realtà.
- **Feedback e revisione**: Una volta compiuta l'azione, è fondamentale monitorare i risultati e fare eventuali aggiustamenti. Il mercato non è mai statico, quindi un buon operatore finanziario dovrà adattare costantemente la sua strategia alle nuove condizioni, come dimostrato durante la crisi del 2008, quando

molti investitori hanno dovuto rivedere le loro posizioni in risposta alla drastica correzione dei mercati.

La Psicologia dietro le Decisioni Finanziarie

Il processo decisionale nei mercati finanziari è inevitabilmente influenzato da numerosi fattori psicologici. Questi, spesso involontari, distorcono la capacità di prendere decisioni razionali.

- **Overconfidence**: Quando un investitore è eccessivamente sicuro delle proprie previsioni, può rischiare di sottovalutare i rischi. Un esempio concreto si verifica quando un operatore, convinto che un titolo crescerà, continua a comprare anche quando i segnali di indebolimento del mercato diventano evidenti. In questo caso, l'eccesso di fiducia può portare a una perdita significativa, come accaduto in diversi episodi di euforia nel mercato azionario.

- **Anchoring**: Un altro bias comune è l'ancoraggio, che si verifica quando un investitore si fissa su un valore di riferimento, come il prezzo d'acquisto di un titolo, e lo usa come punto di partenza per tutte le decisioni successive. Questo può portare a errori, ad esempio, nel caso in cui il prezzo di mercato sia sceso al di sotto del prezzo d'acquisto e l'investitore rimanga attaccato all'idea che il titolo debba recuperare il valore iniziale.

- **Availability Heuristic**: Quando si giudica un evento in base alla sua facilità di evocazione dalla memoria, si entra nel campo della disponibilità. Ad esempio, dopo aver assistito a un crash di mercato, gli investitori tendono a credere che la probabilità di un altro crollo sia più alta di quanto in realtà sia. Questo bias può portare a decisioni troppo conservative o a vendite premature.
- **Representativeness Heuristic**: In questo caso, l'investitore giudica la probabilità di un evento sulla base di esempi simili, magari del passato. Se una startup tecnologica ha avuto successo, si tende a credere che tutte le startup nel settore abbiano lo stesso potenziale, senza considerare le specifiche condizioni del mercato.

Fattori Emotivi

Le emozioni sono potenti influenze nelle decisioni finanziarie, che possono spingere un operatore a compiere scelte irrazionali.

- **Paura e avidità**: La paura e l'avidità sono due emozioni primordiali che influenzano il comportamento di molti investitori. Ad esempio, la paura di perdere un'opportunità può spingere a prendere decisioni impulsive, come comprare quando i prezzi sono alti, mentre l'avidità può portare a investimenti troppo rischiosi in periodi di boom economico. La storia degli investimenti è piena di esempi di investitori che, accecati dall'avidità, hanno visto i loro guadagni svanire a causa di scelte troppo aggressive.
- **Loss Aversion**: Gli investitori tendono a temere maggiormente una perdita rispetto a quanto possano apprezzare un guadagno equivalente. Questo fenomeno, chiamato avversione alla perdita, può portare a mantenere troppo a lungo investimenti perdenti, sperando che il mercato si riprenda.

Un esempio pratico si verifica quando un investitore si ostina a tenere un titolo che ha perso valore, temendo di incassare una perdita, mentre in realtà sarebbe più opportuno vendere e ridurre il rischio.

- **Regret Aversion**: Il timore di provare rimpianto può impedire decisioni rapide e razionali. Gli investitori spesso non vendono un titolo in perdita per paura che, in caso di recupero, si pentiranno della scelta. Tuttavia, a volte questo comportamento può generare maggiori perdite, come nel caso di titoli che continuano a scendere, ma che non vengono venduti per paura di fare una mossa sbagliata.

Il Ruolo delle Euristiche

Le euristiche sono scorciatoie mentali che gli investitori usano per prendere decisioni rapide, ma che spesso possono portare a errori.

- **Euristica della disponibilità**: Questa euristica porta gli investitori a giudicare la probabilità di eventi futuri sulla base della facilità con cui esempi simili vengono alla mente. Ad esempio, dopo aver assistito a un crollo del mercato, un

investitore potrebbe ritenere che un'altra crisi sia imminente, anche se i segnali di una recessione non sono presenti.
- **Euristica della rappresentatività**: Quando un investitore crede che un'azione segua lo stesso destino di un'altra simile nel passato, potrebbe fare scelte sbagliate. Ad esempio, un'analista che osserva una startup tecnologica potrebbe pensare che, come nel caso di altre aziende di successo, il titolo avrà un esito positivo, senza considerare le differenze strutturali.

Influenze Sociali

Il comportamento degli altri gioca un ruolo cruciale nelle decisioni finanziarie.
- **Effetto gregge**: Questo fenomeno si verifica quando gli investitori seguono le scelte degli altri senza una propria analisi critica, spesso portando a bolle speculative. Un esempio lampante si è verificato durante la bolla delle dot-com, quando molti investitori si sono lasciati trasportare dall'entusiasmo del mercato, acquistando titoli tecnologici a prezzi gonfiati.

- **Pressione sociale e conformità**: La pressione di appartenere a un gruppo può indurre gli investitori a conformarsi alle scelte altrui, anche quando queste non sono razionali. Un analista, pur avendo ragioni per considerare rischiosi certi investimenti, potrebbe evitare di esprimere un parere contrario per non sembrare fuori dal coro.
- **Rumors e notizie di mercato**: Le informazioni non verificate possono influenzare fortemente il comportamento degli investitori, alimentando la volatilità del mercato. Spesso, rumors infondati su una società o un settore possono scatenare un'improvvisa reazione collettiva.

Tecniche per Migliorare il Processo Decisionale

Per migliorare il processo decisionale finanziario, è fondamentale adottare alcune tecniche.
- **Educazione finanziaria**: Acquisire una solida conoscenza dei mercati e delle strategie di investimento è il primo passo per prendere decisioni informate e consapevoli.
- **Consapevolezza

emotiva**: Essere consapevoli dei propri bias e delle proprie emozioni consente di ridurre l'influenza di questi fattori nel processo decisionale. Tecniche come la mindfulness e l'auto-riflessione possono essere molto utili.

- **Feedback costante**: Monitorare costantemente le proprie decisioni e rivedere le scelte passate permette di identificare errori ricorrenti e di migliorare continuamente.

L'effetto gregge

L'effetto gregge, noto anche come psicologia di gruppo, nasce come termine applicato inizialmente ai mercati finanziari. Si riferisce a un fenomeno particolare, in cui gli individui sono fortemente influenzati dal comportamento degli altri. In finanza, ciò significa imitare e copiare le operazioni degli altri investitori, senza un'analisi indipendente o ragionata.

Questo comportamento, soprattutto nel contesto dei mercati finanziari, può facilmente sfociare nelle cosiddette "bolle speculative". Paura ed euforia, emozioni predominanti in questi frangenti, spingono l'individuo a emulare le decisioni degli altri piuttosto che agire basandosi su un'analisi razionale e personale. Le informazioni in possesso dell'investitore, in questo caso, vengono ridotte a un ruolo secondario, mentre la scelta si fonda sul comportamento collettivo. Si perde così la propria autonomia di pensiero, lasciandosi trascinare dalla corrente.

Tuttavia, questa dinamica è ingannevole: va contro il principio dell'efficienza dei mercati. Quando tutti si muovono nella stessa direzione senza un'analisi critica, si crea un pericolo imminente. Se, ad esempio, si diffonde la voce di una crisi imminente e tutti iniziano a vendere per paura, i risultati possono essere disastrosi per chi segue senza valutare razionalmente la situazione.

Il comportamento di chi si aggrega al gruppo non è una vera "scelta", ma una decisione che dipende dalle azioni di altri, un riflesso di uno stimolo psicologico. L'impulso all'imitazione, il comportamento gregario, e la diffusione di sentimenti di euforia o panico irrazionale, non solo influenzano l'investitore singolo, ma si estendono anche ai consulenti finanziari. Questi, spesso, si lasciano condizionare dalla pressione sociale, suggerendo soluzioni che seguono la massa anziché basarsi su un'analisi approfondita.

L'effetto gregge, in materia di investimenti e speculazione, è spesso alimentato dall'asimmetria informativa. Gli operatori, specialmente quando sono in preda al panico o all'incertezza, tendono a riprodurre le decisioni di altri, influenzati dalle voci che circolano, senza un fondamento solido. Questo comportamento non razionale minaccia la stabilità del mercato, facendo sì che diventi volatile e facilmente manipolabile.

E oggi, molti operatori finanziari speculano proprio su questa psicologia di massa. Le grandi istituzioni, con manovre improvvise e poco chiare, creano instabilità nei mercati. La paura che ne deriva offre loro opportunità di guadagno, mentre gli investitori seguono il gregge senza una riflessione adeguata.

Come difendersi da tutto questo? La consapevolezza è il primo passo. Riconoscere l'effetto gregge e comprendere le sue insidie permette all'investitore di mantenere un approccio razionale. Non bisogna farsi travolgere dalle emozioni collettive, ma riflettere prima di agire. Solo così si sarà in grado di distinguere fra decisioni ponderate e reazioni irrazionali dettate dalla psicologia di gruppo.

L'autonomia di pensiero è fondamentale. Non si tratta di seguire la massa, ma di analizzare la situazione sulla base delle proprie conoscenze, senza farsi influenzare da voci o impulsi esterni. In questo modo, si possono evitare le trappole dell'effetto gregge, facendo scelte più consapevoli e, soprattutto, razionali.

Un esempio storico che chiarisce questo concetto è la bolla delle dot-com alla fine degli anni '90. L'entusiasmo collettivo per le nuove tecnologie spingeva gli investitori a comprare azioni di aziende senza una valutazione adeguata del loro valore reale. Questo portò alla creazione di una bolla speculativa che, quando esplose, causò ingenti perdite. Chi, invece, aveva mantenuto un approccio razionale, evitò di farsi influenzare dalla corrente e ottenne risultati positivi.

La lezione è semplice: nel mondo della finanza, come nella vita, non bisogna mai seguire ciecamente la massa. Un comportamento irrazionale porta sempre a rischi, mentre un approccio critico e consapevole aiuta a prendere decisioni più intelligenti e a proteggere il proprio capitale.

Lo stato psicologico che spiega il supporto e la resistenza

Lo stato psicologico degli operatori di mercato è la causa principale per cui certe reazioni di prezzo si verificano su aree di supporto o resistenza. Il motivo per cui il prezzo tende a toccare e rimbalzare su questi livelli dipende direttamente da questo fattore umano. Guardando i grafici, alcuni potrebbero scambiare queste reazioni per una sorta di magia, ma non è così. Un po' di buon senso e riflessione ci chiariscono il perché.

Esistono molteplici ragioni per cui i trader comprano o vendono, ma la motivazione principale è sempre la stessa: la possibilità di fare profitto. Ogni trader cerca di posizionarsi sul mercato per guadagnare o, talvolta, per alleviare il dolore di una perdita già acquisita.

Questo è il motivo per cui i livelli di supporto e resistenza funzionano così bene. Comprendere il pensiero, o meglio lo stato psicologico, degli operatori è essenziale. Cerchiamo di chiarire ulteriormente la situazione, pensando ai trader e suddividendoli in tre gruppi:

1. **Rialzisti**: Gli operatori che hanno già acquistato e sono in posizione long.
2. **Ribassisti**: Gli operatori che sono short, in attesa di un ribasso.
3. **Indecisi**: Gli operatori che non hanno ancora deciso come entrare.

Immaginiamo che un particolare strumento di mercato sia scambiato tra due livelli di prezzo ben definiti, un supporto e una resistenza. Quando il prezzo sale dal livello di supporto, nella mente degli operatori si scatena una turbolenza di pensieri a seconda del gruppo a cui appartengono:

1. I **rialzisti** si congratulano per aver fatto la scelta giusta e si rammaricano di non aver acquistato più, sperando che il prezzo scenda di nuovo a quel livello per poter acquistare ulteriormente.
2. I **ribassisti** pensano di aver sbagliato la loro operazione e sperano che il prezzo torni giù, per poter coprire la loro posizione e uscire senza grosse perdite.
3. Gli **indecisi** si sentono come se avessero perso un'occasione e, pur restando fermi, iniziano a pensare di entrare in acquisto qualora il prezzo dovesse tornare a quel livello.

Tutti e tre i gruppi, in un modo o nell'altro, esaminano il livello di supporto per decidere se entrare e acquistare nel caso in cui il prezzo ritorni a quel punto. Questo è il cuore della psicologia del trading: una semplice ma fondamentale comprensione che ci aiuta a capire come funziona il mercato.

Quando i trader acquistano in massa, spinti dalle loro emozioni e dai loro pensieri, la domanda sale e il prezzo, che nel frattempo è sceso al supporto, inverte la sua direzione e riprende la risalita. Questo spiega il buon funzionamento di un livello di supporto.

Ma cosa accade se questo non succede? Se, a un certo punto, gli operatori non sono più convinti, la domanda potrebbe non essere abbastanza forte da mantenere il prezzo, e dunque il supporto non avrà la forza di risollevarlo.

Cosa succede se il prezzo attraversa il supporto?

Quando il prezzo scende sotto il livello di supporto, gli operatori sono sempre in allerta, perché sanno che qualcosa sta cambiando. Quando si rendono conto che il prezzo non si ferma, non inverte e scende oltre il supporto, le loro reazioni cambiano drasticamente.

I pensieri dei vari gruppi si evolvono così:
1. I **rialzisti** iniziano a pensare di aver fatto un errore. A seconda di quanto scende il prezzo, alcuni potrebbero decidere di chiudere la posizione e accettare la perdita. Tuttavia, molti potrebbero cercare di recuperare, aspettando che il prezzo torni al vecchio livello di supporto per vendere.
2. I **ribassisti** si congratulano per aver anticipato correttamente il movimento del mercato. Anche loro si rammaricano di non aver venduto di più e potrebbero decidere di incrementare la loro posizione se il prezzo risalisse fino a quel livello.
3. Gli **indecisi** si sentiranno ancora più frustrati, rammaricandosi per l'opportunità persa. Ma, se il prezzo dovesse tornare al vecchio supporto, potrebbero decidere finalmente di vendere allo scoperto.

A questo punto, la psicologia del mercato cambia. Invece di acquistare al vecchio livello di supporto, i trader stanno progettando di vendere, facendo scendere ulteriormente il prezzo. Secondo le leggi della domanda e dell'offerta, quando tutti vendono, il prezzo inevitabilmente scende, e il vecchio supporto diventa una nuova resistenza, non per magia, ma a causa della natura delle emozioni umane.

La stessa logica si applica ai livelli di resistenza.

I livelli di supporto e resistenza come punti nevralgici

I livelli di supporto e resistenza sono come punti nevralgici del mercato, che scatenano reazioni psicologiche da parte degli operatori. A volte, questi livelli resistono con forza, altre volte vengono "perforati" senza difficoltà. Accettare questa realtà è fondamentale per chi pratica l'analisi tecnica. L'analisi tecnica non è solo un esercizio meccanicistico di grafici e numeri, ma un vero e proprio studio delle reazioni psicologiche che si verificano in determinati punti di un grafico.

Potenziare le Prestazioni: esercizi per un'operatività finanziaria vincente

L'operatore finanziario, soprattutto all'inizio della sua carriera o in particolari momenti psicologici, ha bisogno di seguire un percorso definito che indichi le linee guida del suo comportamento. Questa tecnica, utilizzata da professionisti di ogni settore, è fondamentale per mantenere alte le prestazioni.

Un atteggiamento vincente, quello che porta ai risultati, oltre alla passione e all'impegno, è l'apertura mentale e la costante voglia di imparare. Considera la tua mente come un bacino, sempre alimentato da un fiume in piena di conoscenza. Questo approccio ti permetterà di continuare a crescere, e la tua vita potrebbe trasformarsi come risultato diretto dello sforzo che impieghi.

Prova questi esercizi fisici e psicologici per migliorare il tuo pensiero e il tuo stato d'animo. Falli per poter costantemente cercare di generare guadagni, e affrontare con maggiore serenità i periodi negativi.

Se imparerai a riconoscere tempestivamente ciò che non va e a rispondere di conseguenza, potrai correggere la rotta e migliorare. Questi esercizi potrebbero non portarti al successo immediato, ma ignorarli aumenterebbe le probabilità di fallimento.

Punto 1: Identificare l'obiettivo

È fondamentale partire da obiettivi realistici e praticabili, soprattutto se sei all'inizio del percorso. Iniziare con piccoli obiettivi è il primo passo per costruire una solida base.

Ecco un esempio: dedica 15 minuti al giorno all'analisi grafica, compilando il foglio di lavoro con il tuo indicatore preferito. Concentrati sull'individuazione di un modello grafico specifico e prova a riconoscerlo su alcuni titoli.

Un consiglio importante è di evitare i prodotti futures se non hai il capitale necessario per negoziare. Non perdere tempo a studiare mercati che non sono alla tua portata, come il Nasdaq, il gas naturale o il platino, specialmente se non puoi permetterti il margine richiesto. Evita anche mercati poco liquidi, come lo spread euro-yen o i futures sul latte. Studia i mercati che puoi affrontare finanziariamente.

Punto 2: Capacità di analizzare ma non di agire

Se scopri di essere un buon analista, ma fai fatica a entrare nel mercato al momento giusto, prova questo esercizio.

Dopo aver effettuato un'analisi accurata dei mercati di riferimento, non avere fretta. Stabilisci un piano che includa i tuoi punti di ingresso e di uscita. Definisci il punto di uscita in base al rischio e agli obiettivi di profitto. In questo modo, l'analisi verrà eseguita in uno stato mentale calmo e concentrato.

Il lunedì mattina inserisci gli ordini e poi aspetta, senza fretta. Il processo diventa meccanico: nessuna emozione interferisce con le tue decisioni. Le operazioni vincenti generano profitti, le perdenti vengono stoppate, e gli ordini non eseguiti vengono annullati alla fine della settimana. Questo approccio è semplice ma efficace.

Punto 3: Celebrarsi per i successi

Raggiungere un obiettivo o completare un'operazione con successo è un motivo di soddisfazione. Non esitare a congratularti con te stesso. Ripetiti: "Bravo, hai fatto un ottimo lavoro!"

Premiati in qualche modo. Questo rinforzo positivo ti aiuterà a mantenere alta la motivazione.

Punto 4: Affermazioni positive

Le affermazioni positive sono un ottimo strumento per migliorare la fiducia in se stessi. Ogni giorno, prendi una penna e scrivi 10 volte frasi come: "Sono un analista finanziario brillante, senza paura e di successo" oppure "Il mio intuito sui mercati è così potente che mi permette di ottenere profitti straordinari!"

Questo semplice esercizio aiuterà a imprimere questi concetti nel tuo subconscio, spingendoti a concentrarti sulle forze positive e a contrastare le emozioni negative che spesso interferiscono con il tuo successo.

Punto 5: Tecniche di visualizzazione

Usa le tecniche di visualizzazione nei momenti di tranquillità. Rilassarti e meditare sui tuoi obiettivi può sembrare inutile, ma è un metodo consolidato per migliorare le prestazioni in vari settori. Applicarlo nell'operatività finanziaria porta risultati.

Prepara la tua mente a raggiungere il successo nei mercati. Le persone diventano spesso ciò che pensano di essere. Quindi, ripeti a te stesso che sei un operatore finanziario di successo e metti in pratica questi principi mentre operi.

Punto 6: Non essere troppo esigente con te stesso

La vita è fatta di equilibrio. L'operatività finanziaria è un'attività che richiede concentrazione e impegno. Un buon motto è: "Lavora sodo e divertiti". Concediti delle ricompense e non dimenticare di divertirti.

L'isolamento completo, lo studio compulsivo e solitario non sono la risposta alla vita, soprattutto se non sei in grado di bilanciare la tua carriera con altri aspetti positivi della tua vita. La coerenza e la costanza sono la chiave per il progresso, non l'ossessione per la perfezione.

Il successo non si misura in base a quanto guadagni in una singola operazione, ma dalla tua capacità di guadagnare in modo consistente nel tempo e di mantenere ciò che hai conquistato.

Questi suggerimenti non sono una bacchetta magica che ti farà guadagnare subito. Funzionano soprattutto nei periodi di "stasi" o negatività. Tutti gli operatori finanziari attraversano fasi di perdita, e non sei il solo. Quando succede, non ossessionarti: fermati, riprogramma e continua il tuo percorso.

Ricorda: è normale commettere errori, ma non lasciare che diventino abitudini. La chiave del successo nell'operatività finanziaria è la diligenza, il duro lavoro e un atteggiamento vincente!

Il Potere del Mindset nell'operatività finanziaria: come il modo di pensare può cambiare la tua vita e i tuoi investimenti

Il termine "mindset" o "mentalità" si riferisce al modello mentale che guida le nostre azioni, decisioni e percezioni. Nel contesto dei mercati finanziari, il nostro modo di pensare e affrontare le sfide economiche non è solo un riflesso del nostro carattere, ma può determinare direttamente il nostro successo o fallimento. La mentalità di un operatore finanziario è cruciale: essa influisce sulla gestione del rischio, sulla capacità di affrontare le perdite e, in definitiva, sulle decisioni strategiche. In questo capitolo, esploreremo i diversi tipi di mentalità, come influenzano la nostra vita e come possiamo coltivare un mindset più positivo e orientato alla crescita, soprattutto nel contesto dell'operatività finanziaria.

I Tipi di Mentalità: fondamenta del successo nei mercati finanziari

Mindset Fisso (Fixed) Un operatore con una mentalità fissa crede che le proprie capacità siano limitate e immutabili. In finanza, questo tipo di approccio si traduce in un'eccessiva paura di fallire, che porta ad evitare i mercati più volatili o a non esplorare nuove opportunità. La paura di commettere errori si traduce in una continua ricerca di conferme alle proprie opinioni, evitando il cambiamento o la crescita. Quando i mercati diventano difficili, un mindset fisso può portare a decisioni impulsive o ad una totale paralisi mentale.

Mindset di Crescita (Growth) Al contrario, un mindset di crescita in finanza è rappresentato dall'idea che, anche di fronte alle difficoltà, le competenze possano essere sviluppate attraverso l'apprendimento continuo. Gli operatori con questo tipo di mentalità vedono i fallimenti non come un riflesso delle loro capacità, ma come opportunità di miglioramento. Essi non temono le sfide, ma le affrontano con l'obiettivo di migliorare e adattarsi. Il trading sui mercati diventa così una pratica di apprendimento costante: più si opera, più si impara a leggere i segnali del mercato, a identificare i trend e a correggere gli errori.

Mindset Positivo Un altro aspetto cruciale per chi opera sui mercati finanziari è un mindset positivo. Essere ottimisti non significa ignorare i rischi, ma avere la fiducia che ogni difficoltà può essere superata. La resilienza, alimentata da una mentalità positiva, aiuta a mantenere la calma durante le fasi di volatilità. Un operatore finanziario con una mentalità positiva può affrontare un periodo di perdite senza perdere la speranza, continuando a cercare nuove opportunità con determinazione.

Cambiare il proprio mindset per il successo nei mercati finanziari

Il buon notiziario è che il mindset non è fisso; può essere modificato e sviluppato nel corso della vita, proprio come si fa con le competenze tecniche in finanza. In un mondo dove l'incertezza e la volatilità sono all'ordine del giorno, cambiare il proprio approccio mentale è essenziale per prosperare. Di seguito, vediamo alcune strategie specifiche per coltivare una mentalità orientata alla crescita e al successo sui mercati finanziari.

1. Consapevolezza di Sé: il primo passo per il cambiamento Il primo passo per migliorare la propria mentalità è diventare consapevoli dei propri schemi di pensiero e delle convinzioni limitanti. Un operatore finanziario deve essere in grado di riconoscere se sta operando con una mentalità fissa (evitando di fare operazioni più rischiose o non esplorando nuovi settori) o con una mentalità di crescita (vedendo ogni operazione come un'opportunità di apprendimento). La consapevolezza delle proprie tendenze mentali è essenziale per fare cambiamenti significativi, che impatteranno positivamente sulle proprie decisioni di investimento.

2. Autoefficacia: La Fiducia nelle Proprie Capacità
L'autoefficacia è una componente fondamentale per ogni operatore finanziario. Significa credere nella propria capacità di prendere decisioni razionali, di analizzare i mercati con lucidità e di agire con determinazione. Un operatore con alta autoefficacia è in grado di prendere decisioni anche nei momenti di incertezza, sapendo che ogni errore è un'opportunità di crescita. Non basta solo analizzare i grafici o leggere le notizie economiche: occorre anche sviluppare la fiducia nel proprio giudizio.

3. Apprendimento Continuo: Coltivare la Mentalità del "Sempre Migliore" Nel contesto finanziario, l'apprendimento continuo è vitale. I mercati sono in costante evoluzione, e ogni operazione, indipendentemente dal suo esito, deve essere un'opportunità per migliorare. Gli operatori finanziari di successo vedono ogni sfida come una lezione, ogni difficoltà come una possibilità di affinare la propria strategia. Un mindset di crescita alimenta la curiosità e la voglia di migliorarsi costantemente, integrando nuove informazioni, strumenti e tecniche. Questo approccio proattivo aumenta le probabilità di successo nel lungo periodo.

4. Positive Self-Talk: cambiare il tuo dialogo interno
L'autocritica è un ostacolo per il successo in qualsiasi settore, ma in finanza può risultare particolarmente dannosa. L'operatore che si sminuisce dopo ogni perdita è destinato a ripetere gli stessi errori. Per combattere questo rischio, è essenziale sviluppare un dialogo interno positivo. Ogni volta che si affrontano periodi di difficoltà nei mercati, è importante usare affermazioni motivanti. Parla a te stesso come faresti con un collega o un amico di fiducia: "Ho imparato da questo errore e sono pronto a fare meglio la prossima volta." Questo non solo migliora la resilienza psicologica, ma rafforza anche la fiducia nelle proprie capacità di operare sui mercati.

5. Resilienza nei Mercati: Gestire le Perdite e le Oscillazioni In finanza, le perdite sono inevitabili. Tuttavia, la capacità di rimanere resilienti, ovvero di non lasciare che un periodo di difficoltà definisca il proprio futuro, è fondamentale. Gli operatori che riescono a mantenere una mentalità positiva durante le perdite, senza farsi sopraffare dalle emozioni, sono quelli che riescono a riprendersi più velocemente. Il mindset resiliente consente di navigare tra le fluttuazioni del mercato senza perdere la lucidità, e di concentrarsi sull'orizzonte a lungo termine. La resilienza non significa non sentirsi mai delusi o frustrati, ma significa non lasciare che questi sentimenti impediscano di agire in modo razionale e strategico.

Il Mindset come Vantaggio Competitivo nell'operatività finanziaria

Il mindset di un operatore finanziario è il vero motore delle sue decisioni e del suo successo. Coltivare una mentalità di crescita, resiliente e positiva non solo favorisce il benessere psicologico, ma si traduce anche in una maggiore capacità di operare con successo nei mercati finanziari. L'autoefficacia, l'apprendimento continuo e la resilienza sono le chiavi che aprono la porta a una carriera di successo nel mondo della finanza.

Il cambiamento richiede tempo, impegno e pratica, ma i benefici sono enormi. Quando si investe nel proprio mindset, si investe nel proprio futuro. L'operatore finanziario che sviluppa una mentalità vincente è più preparato a navigare nelle sfide, a superare gli ostacoli e a cogliere le opportunità, trovando successo, soddisfazione e realizzazione nel lungo periodo.

Cambiare il proprio Mindset: il percorso verso una vita più positiva e produttiva

Il mindset, o modello mentale, è la lente attraverso la quale percepiamo il mondo e affrontiamo le sfide quotidiane. Il modo in cui pensiamo e le nostre convinzioni profonde influenzano in modo significativo il nostro comportamento, le nostre decisioni e il nostro livello di successo. Se desideri vivere una vita più positiva, produttiva e soddisfacente, il cambiamento del tuo mindset può essere il primo passo cruciale.

Capire il mindset

Il primo passo per cambiare il proprio mindset è capire cosa sia e come funzioni. Il mindset è la somma delle tue credenze, delle tue attitudini e dei tuoi pensieri abituali. È la tua risposta automatica alle sfide, alle opportunità e alle situazioni della vita. Ecco alcuni punti chiave per comprendere meglio il concetto di mindset:

- **Mindset fisso vs. mindset di crescita**: Carol Dweck, psicologa di fama mondiale, ha condotto ricerche che hanno identificato due principali tipi di mindset. Il mindset fisso crede che le abilità e le capacità siano fisse e innate. In contrasto, il mindset di crescita crede che le abilità possano essere sviluppate attraverso l'allenamento, la pratica e il perseguimento costante del miglioramento. Il passaggio da un mindset fisso a uno di crescita è essenziale, non solo nella vita privata, ma anche nelle sfide quotidiane dell'operatività finanziaria. Ad esempio, un investitore che impara dai propri errori, piuttosto che arrendersi, sviluppa una mentalità di crescita che lo aiuterà a superare le difficoltà di mercato.

- **Le credenze guidano le azioni**: Le tue credenze influenzano profondamente il tuo comportamento. Se credi che non puoi avere successo in un determinato campo, è probabile che non ci proverai nemmeno. D'altra parte, se credi che il successo sia il risultato dello sforzo e dell'apprendimento, sarai più incline a perseguire i tuoi obiettivi con determinazione. Questo concetto è particolarmente rilevante nel mondo della finanza: un operatore finanziario che crede nel potenziale di crescita dei mercati, invece di temere la volatilità, sarà in grado di prendere decisioni più informate e audaci.

Strategie per cambiare il proprio mindset

Ora che hai una comprensione migliore del mindset, ecco alcune strategie pratiche per iniziare a cambiarlo:

1. **Autoconsapevolezza**: Il primo passo è diventare consapevoli delle tue convinzioni e dei tuoi pensieri abituali. Prenditi del tempo per riflettere su come affronti le sfide e come reagisci alle difficoltà. Immagina di essere un operatore finanziario che, dopo aver perso una parte del capitale investito, riflette sui propri errori. Invece di lasciarsi abbattere, la consapevolezza gli permette di analizzare la situazione e imparare dalla propria esperienza.

2. **Cambia il linguaggio interno**: Sostituisci il linguaggio negativo e autocritico con un linguaggio più positivo e autocompassivo. Parla a te stesso come faresti con un amico di fiducia. In un contesto di operatività

finanziaria, invece di pensare "Non sono capace di capire questi mercati", potresti dire "Sto imparando, ogni errore mi avvicina al successo". Questo semplice cambiamento può rafforzare la resilienza e la fiducia nelle proprie capacità.

3. **Visualizza il successo**: Usa la visualizzazione creativa per immaginare te stesso raggiungere i tuoi obiettivi. Questo può aiutarti a costruire la fiducia e a motivarti. Per un operatore finanziario, visualizzare una giornata in cui le proprie decisioni finanziarie si rivelano corrette e profittevoli è un ottimo modo per prepararsi mentalmente a un percorso di successo.

4. **Accetta il fallimento come opportunità di apprendimento**: Smetti di vedere il fallimento come un indicatore di incompetenza. Invece, consideralo come una preziosa opportunità di apprendimento. Un esempio nel mondo degli investimenti potrebbe essere un operatore che, dopo una perdita, analizza la sua strategia e

trova il modo di migliorare. L'errore diventa il carburante per il miglioramento continuo.

5. **Coltiva la determinazione**: Sviluppa la volontà di perseverare attraverso le sfide. La determinazione è un'abilità chiave per sviluppare un mindset di crescita. Nell'ambito finanziario, la determinazione di mantenere il piano a lungo termine, nonostante le oscillazioni del mercato, è fondamentale. Gli investitori più determinati sono quelli che riescono a non farsi sopraffare dall'emotività delle fluttuazioni quotidiane e continuano a perseguire i propri obiettivi.

6. **Impara continuamente**: Abbraccia l'apprendimento continuo. Sii aperto a nuove esperienze e cerca sempre di migliorarti. Un investitore che segue regolarmente corsi, legge libri di settore e si confronta con esperti è sempre in grado di affinare il proprio mindset e le proprie strategie.

Benefici di un mindset positivo e di crescita

Cambiare il proprio mindset può portare a una serie di benefici nella vita personale e professionale:

- **Successo**: Le persone con un mindset di crescita sono più inclini a raggiungere i propri obiettivi e a superare gli ostacoli. Un operatore finanziario che accetta le sfide del mercato come parte del processo di crescita avrà maggiori probabilità di successo nel lungo periodo.

- **Resilienza**: Un mindset di crescita favorisce la resilienza, consentendoti di affrontare meglio le sfide e le avversità. Quando i mercati sono instabili, è facile lasciarsi prendere dal panico. Tuttavia, gli operatori con una mentalità resiliente sono in grado di rimanere calmi e lucidi, trovando sempre nuove opportunità.

- **Miglioramento delle relazioni**: Un mindset positivo può migliorare le tue relazioni interpersonali, poiché sarai più incline a essere aperto, comprensivo e empatico. Questo è fondamentale nel mondo degli affari, dove le relazioni di fiducia e la collaborazione sono spesso la chiave del successo.

- **Benessere mentale**: Un mindset positivo è associato a una maggiore felicità e a un minore livello di stress e ansia. La capacità di non essere sopraffatti dalle difficoltà, ma di affrontarle con una visione chiara, aiuta a ridurre lo stress e a migliorare il benessere psicologico.

Cambiare il proprio mindset è una delle decisioni più potenti che tu possa prendere. Non solo per migliorare il tuo benessere personale, ma anche per affrontare con maggiore determinazione le sfide quotidiane, sia nella vita che nel mondo della finanza. Investire nel proprio mindset è un atto di grande importanza. Se intraprendi il percorso di cambiamento, ricorda che i risultati non sono immediati, ma ogni piccolo passo ti avvicina a una vita più soddisfacente, produttiva e serena.

Inizia oggi stesso con una piccola azione concreta. Rifletti su una situazione difficile che stai affrontando, cambia il tuo approccio mentale e guarda come la tua prospettiva può trasformarsi. Cambiare il proprio mindset è un viaggio che richiede impegno, ma le ricompense sono enormi. Con il giusto mindset, puoi affrontare qualsiasi sfida e ottenere i risultati che desideri.

Costruire fiducia e disciplina nella propria operatività finanziaria

Per sviluppare una fiducia solida nel proprio approccio nei mercati finanziari, è fondamentale iniziare con una preparazione mirata che includa un adeguato livello di competenza. Questo si ottiene attraverso lo studio approfondito dell'analisi tecnica e fondamentale, ma anche dedicando tempo sufficiente all'osservazione dei mercati. Non sottovalutare il ritorno alle basi: rivedere regolarmente il piano di operatività, i sistemi e le strategie permette di mantenere viva la consapevolezza sui principi fondanti del proprio metodo. È essenziale comprendere e seguire ogni passaggio stabilito, così da avere sempre un quadro chiaro delle proprie azioni. Inoltre, è utile identificare le ragioni per cui a volte non si rispettano le regole e prendere nota di questi momenti, in modo da ridurli al minimo in futuro.

Per evitare di accumulare troppo stress, inizia con posizioni di dimensioni ridotte, fino a raggiungere una costanza nei risultati che ti sembri stabile. Ogni volta che ottieni un risultato positivo, anche se modesto, concediti una piccola ricompensa. Questo piccolo gesto aiuta a sottolineare il progresso e a mantenere alta la motivazione. Gli operatori finanziari di successo sono consapevoli che le perdite fanno parte del gioco: ciò che conta è imparare da esse, piuttosto che vederle come un fallimento. Molti professionisti ottengono risultati eccellenti anche con un numero di operazioni vincenti inferiore al 50%, grazie alla gestione attenta delle perdite e alla capacità di massimizzare i guadagni sui trade profittevoli.

Integra affermazioni positive nel tuo processo quotidiano e visualizza regolarmente i tuoi obiettivi. Adotta un atteggiamento vincente, agendo e sentendoti come un operatore di successo. Questo ti permetterà di affrontare le sfide con maggiore resilienza. Evita di sprecare tempo ed energia focalizzandoti su emozioni negative o dubbi. Invece, concentrati su strategie che conosci bene, che ti appassionano e che rispondono alle reali condizioni di mercato. È preferibile padroneggiare uno o due sistemi di operatività, piuttosto che tentare di applicarne troppi, poiché ciò ti permette di focalizzarti pienamente sull'andamento dei prezzi, evitando distrazioni nei dettagli superflui.

Mantieni sempre un'osservazione costante dei tuoi processi di pensiero, in particolare durante le operazioni. I pensieri, che siano positivi o negativi, tendono a concretizzarsi. Per questo, è importante non giudicarsi, ma semplicemente osservare e riconoscere qualsiasi negatività che possa emergere. Sostituisci questi pensieri con controparti positive: immagina che la negatività venga sostituita da energia positiva e potenziante, che riempia la tua mente e il tuo corpo di forza, calma e controllo.

Cerca di circondarti di un ambiente positivo: evita persone, contenuti o luoghi che trasmettono energia negativa. Leggi libri, citazioni o articoli che stimolano pensieri e dialoghi positivi. Coltiva idee che incoraggiano il miglioramento personale e professionale. Inoltre, stabilisci obiettivi specifici e crea un piano con passaggi concreti per raggiungerli. Rafforza il positivo richiamando alla mente i momenti di successo o quei luoghi che ti ispirano serenità. Questo ti aiuterà a costruire un ancoraggio mentale che favorisce l'armonia e la sicurezza, essenziale per affrontare ogni sfida.

Un esempio concreto per gestire le perdite

Immagina di aver appena aperto una posizione su un'azione, ma il mercato inizia a muoversi contro di te. È normale sentirsi frustrati in queste situazioni, ma ciò che conta è come reagisci. Una buona pratica è quella di impostare uno "stop-loss", una soglia predeterminata oltre la quale decidi di uscire dalla posizione per limitare le perdite. Questo ti permette di non rimanere in balia delle fluttuazioni di mercato e di mantenere il controllo emotivo, evitando di peggiorare una situazione già negativa.

Visualizzare il successo nei mercati finanziari

La visualizzazione è una tecnica molto utilizzata anche nel mondo della finanza. Si tratta di concentrarsi mentalmente sul successo che desideri raggiungere, immaginando come affrontare con calma e determinazione le sfide. Prima di ogni operazione, prendi qualche momento per visualizzare il risultato positivo che ti aspetti, concentrandoti sul raggiungimento dei tuoi obiettivi. Questa pratica non solo aiuta a mantenere la calma, ma ti prepara anche a gestire al meglio le emozioni durante le operazioni.

Pazienza e Continuità: la chiave del successo

Un operatore finanziario alle prime armi potrebbe essere tentato di cercare guadagni immediati, ma il successo nei mercati arriva con pazienza e costanza. Proprio come un atleta che si allena ogni giorno per migliorare le proprie prestazioni, anche tu dovresti vedere ogni operazione come una piccola opportunità di crescita. Non aspettarti risultati immediati: con il tempo, la disciplina e l'apprendimento continuo, vedrai che i risultati cominceranno ad arrivare. Ogni operazione è una lezione che ti avvicina al tuo obiettivo.

Stabilire obiettivi chiari e raggiungibili

Per costruire la fiducia nel lungo periodo, stabilire obiettivi chiari e raggiungibili è fondamentale. Inizia con operazioni di dimensioni contenute e cerca di ottenere una serie di risultati positivi. Anche piccoli successi sono importanti e ogni traguardo ti darà maggiore sicurezza nelle tue capacità. Considera questi obiettivi come pietre miliari che ti guidano e ti incoraggiano a migliorare continuamente. Non è la quantità di operazioni che conta, ma la qualità e la capacità di imparare e migliorarsi.

Il Kaizen giapponese applicato ai mercati finanziari

Il concetto di **Kaizen**, che in giapponese significa "miglioramento continuo", è stato originariamente applicato al mondo della produzione. Tuttavia, questa filosofia di vita si adatta perfettamente anche ai mercati finanziari, dove il successo non dipende da decisioni impulsive o azioni straordinarie, ma piuttosto da un impegno costante, fatto di piccoli passi e miglioramenti graduali.

Il Kaizen non è solo un metodo, ma un atteggiamento mentale. Si tratta di un processo che richiede disciplina, pazienza e volontà di apprendere dai propri errori. Non è un concetto che si applica solo a una singola operazione, ma all'intero approccio verso l'investimento e la crescita personale come trader.

Il principio del miglioramento continuo

Il cuore del Kaizen è l'idea che **piccole modifiche quotidiane** portano a miglioramenti enormi nel tempo. Per un investitore, ciò significa non concentrarsi solo sulla ricerca di un colpo vincente, ma cercare di ottimizzare ogni singola azione. Che si tratti di perfezionare una strategia, di affinare la propria psicologia del trading o di migliorare la propria gestione del rischio, ogni piccolo passo conta.

Applicare il Kaizen alla propria operatività

In pratica, come possiamo applicare il Kaizen nel trading? Ogni aspetto del processo di investimento può essere migliorato, ma la chiave è concentrarsi su piccoli cambiamenti invece di cercare soluzioni radicali.

- **Miglioramento delle strategie**: Piuttosto che cambiare drasticamente approccio ogni volta che una strategia non funziona, il Kaizen invita a fare aggiustamenti incrementali. Se una strategia di trading non produce i risultati desiderati, non c'è bisogno di gettarla via. Il miglioramento continuo implica fare piccoli aggiustamenti: modificare la durata delle operazioni, il tipo di indicatori utilizzati o cambiare leggermente la disciplina nel seguire i segnali del mercato.
- **Perfezionamento della gestione del rischio**: Un'altra applicazione fondamentale del Kaizen è nella gestione del rischio. L'idea di Kaizen è che il rischio non deve essere eliminato, ma

gestito in modo più raffinato nel tempo. Un trader potrebbe migliorare gradualmente la propria strategia di protezione del capitale, aumentando la comprensione di strumenti come gli stop loss, i limiti di esposizione e la diversificazione. Ogni giorno si impara a prendere decisioni più informate su come distribuire il capitale, riducendo i rischi complessivi senza sacrificare il potenziale di guadagno.

- **Controllo delle emozioni**: Il Kaizen non riguarda solo l'aspetto tecnico, ma anche quello psicologico. Ogni trader deve imparare a conoscere e gestire le proprie emozioni. Questo richiede una **riflessione costante** sul proprio comportamento durante e dopo ogni operazione. Se si è troppo ansiosi, si possono ridurre gradualmente le operazioni più rischiose o migliorare la propria capacità di resistere alla tentazione di fare trading impulsivo. Se, al contrario, si è troppo euforici dopo un successo, il Kaizen suggerisce di prendere una pausa e rivalutare le proprie decisioni con mente lucida.

Esempio pratico di applicazione del Kaizen

Un trader che applica il Kaizen potrebbe iniziare a migliorare la propria strategia di trading in modo incrementale. Immagina di scegliere un indicatore tecnico con cui non ti senti completamente a tuo agio, come la **media mobile esponenziale (EMA)**. Il primo passo sarebbe imparare ad usarlo meglio, modificando alcuni parametri e osservando come influisce sulle decisioni di acquisto e vendita. Ogni settimana, potresti dedicare qualche ora a testare diverse configurazioni o aggiungere un altro indicatore complementare, come l'**RSI** (Relative Strength Index), per ottenere una visione più completa.

Allo stesso modo, per migliorare la gestione del rischio, si potrebbe iniziare limitando progressivamente la propria esposizione su ogni singola operazione. Invece di rischiare una percentuale troppo alta del capitale su ogni trade, si potrebbe adottare una regola Kaizen, iniziando con il rischio di una frazione del capitale e aumentandolo lentamente man mano che la fiducia cresce grazie alla riduzione delle perdite. Ogni piccolo cambiamento avrebbe un impatto positivo sul rischio complessivo e sulla qualità della propria operatività.

L'importanza della perseveranza

Il Kaizen, come filosofia di vita, ci ricorda che il cambiamento non avviene da un giorno all'altro. Il trader che sceglie di applicare questa filosofia deve essere paziente, costante e, soprattutto, aperto a **commettere errori e imparare da essi**. Non c'è spazio per la frustrazione in questo processo, solo per la riflessione costante e per il miglioramento senza fine.

Il miglioramento continuo non è una chimera, ma un processo che può cambiare radicalmente il modo in cui affrontiamo il trading e gli investimenti. Ogni piccolo passo che compiamo oggi è un investimento sul nostro futuro finanziario. Applicando il Kaizen, il trader non solo impara a migliorare la propria strategia e a perfezionare la propria gestione del rischio, ma diventa anche una versione più disciplinata e consapevole di se stesso. In definitiva, il Kaizen è una filosofia che va oltre la mera operatività sui mercati: è un approccio a lungo termine che invita a costruire un capitale solido, non solo finanziario, ma anche psicologico. **Il miglioramento, come il successo nel trading, è una maratona, non uno sprint.**

Takeaway pratico:

Se dovessi trarre una lezione da questo approccio, sarebbe quella di non temere il cambiamento e di fare sempre piccoli passi in avanti. **Inizia con un singolo miglioramento settimanale**, che sia nella tua strategia, nel controllo delle emozioni o nella gestione del rischio. **Non cercare la perfezione**, ma la progressione. E, soprattutto, non fermarti mai: ogni errore è una lezione, ogni successo una conferma che il Kaizen sta funzionando.

Il Cammino verso l'Eccellenza nei Mercati: Apprendere, Adattare, Innovare

Sui mercati finanziari non ci sono scorciatoie, né facili guadagni. L'idea che basti un consiglio preso in prestito da un guru o una formula magica per ottenere successo è pura illusione. In finanza, come in ogni altro campo che miri all'eccellenza, ci sono solo tre condizioni imprescindibili: cultura finanziaria, un approccio vincente e un metodo. Ogni passo che faremo deve essere guidato da una solida preparazione, che va acquisita giorno dopo giorno, senza scorciatoie.

Eppure, nella frenesia della nostra epoca, in cui tutto è disponibile in un clic, molti sono pronti ad entrare nel mondo dei mercati con la speranza che basti un corso veloce o qualche nozione superficiale per diventare esperti. Ma questo è il primo passo verso il fallimento. Non esistono miracoli, e chi si avvicina ai mercati con un approccio superficiale è destinato a fare esperienza di delusioni.

Il percorso che porta al successo, in finanza come in qualsiasi altra disciplina, è arduo, ma necessario. La cultura finanziaria non si acquisisce in pochi giorni; è il frutto di uno studio incessante, di una continua crescita personale. E questo studio non può limitarsi a nozioni tecniche, ma deve essere un processo profondo, che sviluppa una mentalità vincente.

Per comprendere meglio come affrontare questo cammino, voglio introdurre un concetto che proviene dalle arti marziali giapponesi, ma che può essere applicato anche al trading: lo SHUHARI. Questo percorso di apprendimento si sviluppa attraverso tre fasi distintive: lo SHU, l'HA e il RI. Ogni fase è fondamentale e porta l'allievo verso un livello sempre più alto di competenza.

SHU: Conservare – "Segui la regola"

La prima fase è quella dello SHU, che implica l'obbedienza assoluta al maestro e l'acquisizione delle tecniche di base. Qui non c'è spazio per la creatività, per il "fare di testa propria". È un periodo di apprendimento meccanico, dove bisogna concentrarsi sull'esecuzione perfetta delle tecniche senza cercare scorciatoie. Per fare un parallelo, questo è il momento in cui dobbiamo "mettere la cera, togliere la cera", come nel celebre esempio di Karate

Kid. L'allievo deve imparare a fondo, ripetendo le tecniche fino a che non diventino parte di sé. Ogni errore e ogni deviazione dalle regole è un ostacolo alla crescita.

Nel contesto della finanza, lo SHU è rappresentato dalla necessità di comprendere e interiorizzare le basi dei mercati: conoscere le dinamiche delle asset class, imparare l'analisi fondamentale e tecnica, studiare il comportamento dei prezzi e l'importanza della gestione del rischio. È fondamentale in questa fase evitare di farsi prendere dalla frenesia di voler guadagnare velocemente. La ripetizione, lo studio e l'applicazione rigorosa sono le uniche vie per sviluppare una solida base.

HA: Rompere – "Vìola la regola"

Una volta che l'allievo ha padroneggiato le tecniche fondamentali, si passa alla fase dell'HA, dove la conoscenza acquisita comincia a essere personalizzata. Qui si esplorano nuove possibilità, si adattano le regole alle proprie inclinazioni e si comincia a sviluppare uno stile personale. L'allievo inizia a comprendere non solo la meccanica delle tecniche, ma anche la loro filosofia e la loro applicazione in contesti diversi.

In finanza, questa fase corrisponde al momento in cui l'allievo acquisisce una visione completa del mercato e inizia a sviluppare il proprio metodo di trading, sfruttando le proprie inclinazioni e intuizioni. L'allievo comincia a riflettere non solo sulle tecniche, ma anche sulle dinamiche che le governano. Si sperimentano diverse strategie, si riflette sulle proprie performance e si adattano le tecniche ai propri limiti e alle proprie risorse. È una fase di esplorazione, di coraggio e di consapevolezza, in cui si imparano le regole per poi saperle adattare e migliorare.

RI: Liberare – "Sii la regola"

La fase finale, quella dello RI, è il culmine dell'apprendimento. Qui l'allievo ha interiorizzato talmente bene le regole e le tecniche che non ha più bisogno di pensare consapevolmente a come applicarle. Le azioni diventano spontanee, naturali, parte integrante di sé. In questa fase, l'allievo è in grado di innovare e di sviluppare nuove soluzioni, contribuendo al miglioramento del proprio settore. Non ci sono più limiti, solo una continua ricerca dell'eccellenza.

Nel contesto del trading, questa fase rappresenta il momento in cui il trader è talmente esperto da essere in grado di reagire agli eventi di mercato con una naturalezza che sembra quasi istintiva. La padronanza dei principi consente di navigare in situazioni complesse senza essere sopraffatti dall'emotività o dall'ansia, prendendo decisioni rapide e ponderate. Un trader esperto in questa fase non ha più bisogno di fare affidamento su sistemi automatici o segnali esterni, ma diventa la guida di sé stesso, esperto nell'interpretare e affrontare ogni cambiamento del mercato con sicurezza.

L'aspirante trader deve essere consapevole che, per raggiungere l'eccellenza, il percorso è lungo e impegnativo. La ricerca di un metodo infallibile che prometta guadagni veloci e senza sforzo è illusoria e porta alla frustrazione. Solo attraverso un percorso graduale, come quello dello SHUHARI, è possibile acquisire la vera competenza e la vera eccellenza.

Quindi, se sei pronto ad affrontare questo cammino con serietà e impegno, preparati a studiare e a perfezionarti ogni giorno. Ogni fase ha il suo tempo e il suo valore. E se sei disposto a lavorare sodo, a non cercare scorciatoie e a chiedere sempre più domande, allora il successo non sarà più una chimera, ma una conquista quotidiana.

Psicologia applicata all'operatività finanziaria

Epilogo

Ogni viaggio, per quanto complesso e impegnativo, porta con sé una trasformazione. Questo libro non è stato solo un'esplorazione dei mercati finanziari, ma anche un percorso attraverso la mente e il cuore di chi opera in essi. Se sei arrivato a questa pagina, hai già compiuto un passo importante: hai investito tempo ed energia per migliorare, crescere e comprendere meglio non solo il mondo finanziario, ma anche te stesso.

I mercati sono in costante evoluzione, una danza perpetua tra razionalità e emozioni, tra strategie e intuizioni. Ma ciò che rimane costante, ciò che fa davvero la differenza, sei tu: la tua capacità di apprendere dagli errori, di mantenere la disciplina e di affrontare ogni decisione con consapevolezza e determinazione.

Non esiste un punto di arrivo definitivo nel mondo della finanza. C'è sempre un nuovo obiettivo da raggiungere, una lezione da apprendere, un orizzonte da esplorare. Ma è proprio questa infinita possibilità di miglioramento che rende affascinante questo percorso. Spero che questo libro ti abbia fornito gli strumenti, la motivazione e le intuizioni necessarie per continuare il tuo viaggio con fiducia e successo.

Ricorda che ogni operazione, ogni analisi, ogni riflessione è un'opportunità per crescere. Coltiva la tua passione, affinati continuamente e, soprattutto, mantieni la tua autenticità in ogni scelta. I mercati sono un riflesso delle nostre decisioni, e il vero successo arriva quando riusciamo a coniugare competenza, strategia e fiducia in noi stessi.

Il viaggio non finisce qui, anzi, è appena iniziato. Che tu possa affrontarlo con la determinazione di chi è pronto a trasformare ogni sfida in un'opportunità e ogni ostacolo in un trampolino verso nuovi traguardi.

About The Author

Adriano Nicosia (1970) è autore di sette manuali tecnici sui mercati finanziari, tra cui: *I Grandi Traders, Elementi di Operatività Finanziaria, Elementi di analisi tecnica, Elementi di analisi fondamentale, Il metodo AVP, Psicologia applicata all'operatività finanziaria, Il mondo delle criptovalute più capitalizzate*, (pubblicati da Trading Bull Club ed Elementi Design, 2019).

Parallelamente alla sua carriera nell'ambito della finanza, si è dedicato alla narrativa, pubblicando quattro romanzi: *Cogli la rosa evita le spine* (A&B Edizioni, 2007-2010), *I misteri del saio* (A&B Edizioni, 2009), *Miti Tua* (A&B Edizioni, 2014) e *Argus. L'inizio* (A&B Edizioni, 2018).

Il romanzo *Cogli la rosa evita le spine* ha ricevuto nel 2009 un importante riconoscimento dal Ministero dei Beni Culturali - Direzione Generale Cinema, che lo ha dichiarato "Al valor culturale" nell'ambito di un progetto di finanziamento cinematografico. Questa storia è stata adattata in un lungometraggio intitolato *Un uomo nuovo*, in cui Adriano Nicosia ha ricoperto molteplici ruoli: attore, delegato direzionale della produzione e co-sceneggiatore.

Psicologia applicata all'operatività finanziaria

Collana "I MERCATI FINANZIARI"

La collana I Mercati Finanziari raccoglie sette manuali tecnici dedicati agli aspetti chiave del mondo finanziario e del trading, offrendo strumenti e conoscenze utili sia ai neofiti sia agli esperti. Ogni volume affronta un tema specifico, guidando il lettore attraverso concetti fondamentali, analisi approfondite e strategie pratiche per navigare con successo nei mercati.

1. **I Grandi Traders**: un viaggio nelle esperienze, intuizioni e strategie dei più celebri protagonisti della storia e contemporanei, per trarne insegnamenti utili e applicabili.
2. **Elementi di Operatività Finanziaria**: una guida pratica agli strumenti, agli accorgimenti e a tutti quei particolari operativi per evitare errori, apparentemente banali, e per affrontare i mercati con consapevolezza e metodo.

3. **Elementi di analisi tecnica**: un manuale per comprendere e applicare i principi dell'analisi tecnica, utile per interpretare i grafici e identificare trend di mercato.
4. **Elementi di analisi fondamentale**: un'introduzione completa all'analisi fondamentale, per valutare il valore intrinseco di titoli e asset attraverso dati economici e aziendali.
5. **Il metodo AVP**: il cuore della collana, questo volume presenta una metodologia innovativa e sistematica per il trading, sviluppata dall'autore e adatta a diverse condizioni di mercato.
6. **Psicologia applicata all'operatività finanziaria**: un manuale che esplora le dinamiche psicologiche legate al trading, fornendo strumenti per gestire emozioni, stress e processi decisionali nei mercati.
7. **Il mondo delle criptovalute più capitalizzate**: un'analisi dettagliata delle principali criptovalute, con focus su

caratteristiche, potenzialità e rischi di un mercato in continua evoluzione.

Pubblicata da Trading Bull Club ed Elementi Design nel 2019, la collana si distingue per un approccio pratico e accessibile, ideale per chi desidera approfondire il funzionamento dei mercati finanziari con competenza e professionalità.

Books by this Author

Narrativa:

Cogli la Rosa, Evita le Spine

I Misteri del Saio

Miti Tua

Argus. L'inizio

Psicologia applicata all'operatività finanziaria